White Paper Series Hvitbokserie

THE NORWEGIAN LANGUAGE IN THE DIGITAL AGE

NORSK I DEN DIGITALE TIDSALDEREN

BOKMÅLSVERSJON

Koenraad De Smedt UIB
Gunn Inger Lyse UIB
Anje Müller Gjesdal UIB
Gyri S. Losnegaard UIB

Georg Rehm, Hans Uszkoreit
(Redaktører, editors)

Editors
Georg Rehm
DFKI
Alt-Moabit 91c
Berlin 10559
Germany
e-mail: georg.rehm@dfki.de

Hans Uszkoreit
DFKI
Alt-Moabit 91c
Berlin 10559
Germany
e-mail: hans.uszkoreit@dfki.de

ISSN 2194-1416 ISSN 2194-1424 (electronic)
ISBN 978-3-642-31388-2 ISBN 978-3-642-31389-9 (eBook)
DOI 10.1007/978-3-642-31389-9
Springer Heidelberg New York Dordrecht London

Library of Congress Control Number: 2012940568

Printed on acid-free paper

Springer is part of Springer Science+Business Media (www.springer.com)

FORORD PREFACE

Dette dokumentet er del av en serie som skal fremme kunnskap om språkteknologiens status og potensiale. Målgruppen er journalister, politikere, språkbrukere, lærere og andre interesserte. Tilgjengeligheten og bruken av språkteknologi i Europa varierer fra språk til språk. Derfor vil også nødvendige tiltak for å støtte forskning og utvikling av språkteknologi være forskjellige for hvert språk. Hvilke tiltak som er nødvendige avhenger av flere faktorer, for eksempel kompleksiteten i et gitt språk og antall språkbrukere.

Forskningsnettverket META-NET, et *Network of Excellence* finansiert av Europakommisjonen, presenterer i denne serien (jf. s. 81) sin analyse av eksisterende språkressurser og teknologier for de 23 offisielle EU-språkene og andre nasjonale og regionale språk i Europa – deriblant norsk. Resultatene av denne analysen tyder på at det er betydelige hull i forskning og utvikling for alle språkene. Denne detaljerte ekspertanalysen av den nåværende situasjonen i denne serien vil forhåpentlig bidra til å maksimere effekten av ny forskning.

Per november 2011 består META-NET av 54 forskningsinstitusjoner i 33 land (jf. s. 77) som samarbeider med kommersielle aktører (IT-bedrifter, utviklere og brukere), offentlige etater, ikke-statlige organisasjoner, representanter for språksamfunn og universiteter. I samarbeid med disse samfunnsrepresentantene er målet å skape en felles teknologivisjon og å utvikle en strategisk forskningsagenda for flerspråklighet i Europa innen år 2020.

This white paper is part of a series that promotes knowledge about language technology and its potential. It addresses journalists, politicians, language communities, educators and others. The availability and use of language technology in Europe varies between languages. Consequently, the actions that are required to further support research and development of language technologies also differs. The required actions depend on many factors, such as the complexity of a given language and the size of its community.

META-NET, a Network of Excellence funded by the European Commission, has conducted an analysis of current language resources and technologies in this white paper series (p. 81). The analysis focused on the 23 official European languages as well as other important national and regional languages in Europe. The results of this analysis suggest that there are tremendous deficits in technology support and significant research gaps for each language. The given detailed expert analysis and assessment of the current situation will help maximise the impact of additional research.

As of November 2011, META-NET consists of 54 research centres from 33 European countries (p. 77). META-NET is working with stakeholders from economy (Software companies, technology providers and users), government agencies, research organisations, non-governmental organisations, language communities and European universities. Together with these communities, META-NET is creating a common technology vision and strategic research agenda for multilingual Europe 2020.

META-NET – office@meta-net.eu – http://www.meta-net.eu

Forfatterne av denne teksten takker forfatterne av hvitboken for tysk for tillatelsen til å gjenbruke visse språkuavhengige materialer fra deres tekst [1]. Forfatterne takker også Gisle Andersen, Torbjørg Breivik, Helge Dyvik, Kristin Hagen, Torbjørn Nordgård, Torbjørn Svendsen og Trond Trosterud for verdifulle bidrag og kommentarer.

Arbeidet med denne utredningen er finansiert av det sjuende rammeprogrammet og Den europeiske kommisjonens ICT Policy Support program, gjennom kontraktene T4ME (tildelingsavtale 249 119), CESAR (tildelingsavtale 271 022), METANET4U (tildelingsavtale 270 893) og META-NORD (tildelingsavtale 270 899).

The authors of this document are grateful to the authors of the White Paper on German for permission to re-use selected language-independent materials from their document [1]. They also wish to thank Gisle Andersen, Torbjørg Breivik, Helge Dyvik, Kristin Hagen, Torbjørn Nordgård, Torbjørn Svendsen and Trond Trosterud for valuable contributions and comments.

The development of this White Paper has been funded by the Seventh Framework Programme and the ICT Policy Support Programme of the European Commission under the contracts T4ME (Grant Agreement 249 119), CESAR (Grant Agreement 271 022), METANET4U (Grant Agreement 270 893) and META-NORD (Grant Agreement 270 899).

INNHOLD CONTENTS

NORSK I DEN DIGITALE TIDSALDEREN

THE NORWEGIAN LANGUAGE IN THE DIGITAL AGE

1

SAMMENDRAG

Informasjonsteknologi påvirker hverdagen vår. Vi bruker datamaskiner når vi skriver, redigerer, regner ut, søker etter informasjon, og i økende grad også når vi leser, hører på musikk, ser på bilder og ser film. Vi har med oss små datamaskiner i lomma og bruker disse til å ringe, skrive e-post, innhente informasjon og til å underholde oss selv hvor vi enn er. Men hvilken innvirkning har denne utstrakte digitaliseringen av informasjon, kunnskap og daglig kommunikasjon på språket vårt? Vil språket vårt endre seg eller til og med forsvinne? Hva er sjansene for at norsk språk vil bestå?

Mange av de 6000 språkene som finnes i verden i dag vil ikke overleve i det globaliserte digitale informasjonssamfunnet. En regner med at minst 2000 språk kommer til å forsvinne de kommende tiårene. Andre vil fremdeles spille en rolle i privatsfæren og lokalsamfunnet, men ikke i det bredere offentlige liv som næringsliv og akademia. Statusen til et språk avhenger ikke bare av tallet på brukere eller hvor mange bøker, filmer og TV-stasjoner som benytter språket, men også av i hvilken grad språket gjør seg gjeldende i den digitale virkeligheten og brukes i programvareapplikasjoner.

I denne sammenhengen sliter norsk fremdeles med voksesmerter. I begynnelsen av det tjueførste århundret eksisterte norsk språkteknologi bare i svært liten skala. Det fantes et relativt godt system for oversettelse fra bokmål og nynorsk, der var stavekontroll, og det fantes også et lite dialogsystem som svarer på spørsmål, mens folk flest lo av den dårlige kvaliteten til de første talegjenkjenningsprogrammene. Et ambisiøst industrielt initiativ til språkteknologiutvikling på Voss mislyktes. Innen høyere utdanning fantes det program for språkteknologi og datalingvistikk, og det eksisterte forskning på disse feltene, men det manglet språkressurser og språkverktøy.

Bildet endret seg da forskningsrådet tok initiativ til et språkteknologiprogram i 2002, med sikte på å utvikle ny kunnskap og nødvendige verktøy. Programmet resulterte i flere prosjekt som skapte ny kompetanse og et bedre grunnlag for norsk språkteknologi. De største prosjektene i dette språkteknologiprogrammet leverte et tekst-til-tale-system og en demonstrator for oversettelse av høy kvalitet fra norsk til engelsk.

Etter Stortingsmeldingen fra 2008 [2], og vedtaket av denne meldingen i Stortinget, ble en fritt tilgjengelig samling av norske språkteknologiske ressurser, *Språkbanken*, etablert i 2010. Språkbanken er nå i gang med å bygge opp og distribuere norske språkdata, en oppgave som lenge har vært etterspurt innen forskning og utvikling. Dersom dette arbeidet blir opprettholdt, vil det utgjøre en uvurderlig investering i norsk språks fremtid.

På tross av en betydelig utvikling innen norsk språkteknologi det siste tiåret viser denne rapporten at det ennå bare er for basisverktøy og -ressurser at situasjonen er noenlunde tilfredsstillende. Når det gjelder mer avanserte applikasjoner, finnes det fremdeles svært få verktøy og ressurser for norsk, og vi har fremdeles langt igjen før norsk språk er sikret en fremtid som fullverdig aktør i det moderne – og framtidige – europeiske språksamfunnet.

Informasjons- og kommunikasjonsteknologien forbereder seg nå til neste teknologirevolusjon. I kjølvannet av personlige datamaskiner, nettverk, stadig mindre og lettere komponenter, multimedia, mobile enheter og databehandling i digitale skyer, vil den neste generasjonen teknologi bestå av programvare som ikke bare forstår talte og skrevne bokstaver og lyder, men også hele ord og setninger, og som støtter brukeren bedre enn dagens teknologi, fordi den snakker, kjenner og forstår språket deres. Forløpere i denne utviklingen er IBMs superdatamaskin Watson, som slo USA-mesteren i kunnskapsspillet "Jeopardy", og Apples mobilassistent Siri for iPhone, som responderer på språkkommandoer og kan svare på spørsmål på engelsk, tysk, fransk og japansk. Et norsk talegjenkjenningssystem for iPhone er tilgjengelig, men det er fremdeles mye mindre pålitelig enn det tilsvarende engelske systemet.

Språkbrukere kommuniserer allerede ved hjelp av teknologien som er utviklet for deres språk. Etter hvert vil teknologiske innretninger, som respons på enkle talekommandoer, være i stand til å hente de viktigste nyhetene og informasjonen fra den globale digitale kunnskapsbasen. Språkbasert teknologi vil kunne oversette automatisk eller fungere som støtte for tolker, lage sammendrag av samtaler og dokumenter og være et hjelpemiddel i læringssituasjoner. Språkteknologi vil for eksempel kunne hjelpe innvandrere med å lære norsk, og dermed også med integrering i det norske samfunnet.

Informasjons- og kommunikasjonsteknologi vil gjøre industrielle roboter og tjenesteroboter (som i dag er under utvikling i forskningslaboratorier) i stand til å forstå hva brukeren ønsker at de skal gjøre og å rapportere om oppgavene de har utført. Et slikt prestasjonsnivå strekker seg langt ut over enkle bokstavlister og leksikon, stavekontroller og uttaleregler. Skal språkteknologi kunne tolke spørsmål og levere utfyllende og relevante svar, må den bevege seg fra basale tilnærminger til et mer altomfattende perspektiv, hvor språkmodelleringen tar hensyn til syntaks så vel som semantikk.

Ikke alle europeiske språk er like godt forberedt til en slik fremtid. Denne rapporten presenterer en evaluering av graden av språkteknologistøtte for 30 europeiske språk, basert på fire kjerneområder: maskinoversettelse, taleprosessering, tekstanalyse og, til sist, basisressurser som er nødvendige for å kunne bygge språkteknologiske applikasjoner. Språkene ble delt inn i fem klynger etter nivå, og ikke overraskende havnet norsk i bunnklyngen, og i enkelte tilfeller i klyngen over, for alle typer verktøy og ressurser. Norsk ligger langt etter større språk som for eksempel tysk og fransk. Men heller ikke disse språkene klarer å nå opp til kvaliteten og dekningsgraden til sammenlignbare ressurser og verktøy for engelsk, som er det klart ledende språket på nesten alle felter innen språkteknologi.

I St.meld. nr. 48 [3] konstaterer en at språkteknologifeltet kan bli "en av de fremste arenaene der kampen om norsk språk og kultur vil utspille seg i tiden fremover" (kap. 12.9, s. 196). Hva må vi så gjøre for å sikre norsk språk en fremtid i informasjonssamfunnet? I 2002 anslo en ekspertgruppe på oppdrag fra myndighetene at det vil kreve en investering på 20 millioner kroner *hvert år* de første fem årene [4]. Selv om Språkbanken nå er etablert og virksom, er det et faktum at de årlige investeringene så langt har utgjort bare en brøkdel av estimert behov. Det skulle derfor ikke komme som noe overraskelse at norsk språkteknologi fremdeles henger igjen i tidlig barndom. Kommersielt er fem millioner språkbrukere for få til alene å forsvare en kostbar utvikling av nye produkter. Norsk IT-industri, og spesielt store og mellomstore bedrifter, kan ikke alene ta kostnadene ved å bygge opp store språkressurser og verktøy for norsk. Fortsatt offentlig støtte er derfor nødvendig for å sikre at eksisterende verktøy og den opparbeidede kunnskapen og erfaringen hos forskere og bedrifter skal bli utnyttet til fulle.

Norsk språk er ikke umiddelbart truet av den engelske dominansen innen språkteknologi. Det kan likevel endre seg drastisk når den nye generasjonen teknologier etter hvert mestrer menneskelig språk mye bedre, og mer effektivt, enn det dagens teknologi klarer. Gjennom utvikling innen maskinoversettelse vil språkteknologien på sikt medvirke til å bryte ned språkbarrierer, men dette vil bare gjelde de språkene som er med på overgangen til et digitalisert samfunn. Tilstrekkelig og god nok språketeknologi kan sikre at språk med relativt små brukergrupper overlever. Derfor er en investering i språkteknologi en essensiell del av språkpolitikken også i fremtiden.

META-NETs visjon er å legge til rette for språkteknologi av høy kvalitet for alle språk. Teknologien vil således støtte politisk og økonomisk fellesskap gjennom kulturelt mangfold, bryte ned eksisterende barrierer og bygge broer mellom europeiske språk. Dette innebærer at alle interessenter – i politikk, forskning, næringsliv og samfunn – må forene krefter for fremtiden.

Denne språkrapporten utgjør en viktig del av META-NETs strategiske handlingsplan. Oppdatert informasjon, som for eksempel den siste versjonen av META-NETs visjonsskriv [5] eller plan for forskningsstrategi (Strategic Research Agenda, SRA), er begge å finne på META-NETs sin nettside: http://www.meta-net.eu.

2

SPRÅKENE VÅRE STÅR I FARE: EN UTFORDRING FOR SPRÅKTEKNOLOGIEN

Vi er vitner til en digital revolusjon som påvirker kommunikasjon og samfunnet dramatisk. Den seneste utviklingen i digital informasjons- og kommunikasjonsteknologi blir noen ganger sammenlignet med Gutenbergs oppfinnelse av trykkpressen. Hva kan denne analogien fortelle oss om fremtiden for den europeiske informasjonssamfunnet generelt og for språkenes stilling spesielt?

Vi opplever en digital revolusjon som kan sammenlignes med Gutenbergs oppfinnelse av trykkpressen.

I kjølvannet av Gutenbergs oppfinnelse skjedde flere store gjennombrudd i kommunikasjon og kunnskapsutveksling, som for eksempel Luthers oversettelse av Bibelen til eget morsmål. Siden Gutenbergs tid har man utviklet flere teknikker for bedre håndtering av språkbehandling og kunnskapsutveksling:

- standardisering av rettskriving og grammatikk for de vanligste språkene har gitt en hurtigere spredning av nye vitenskapelige og intellektuelle ideer;
- utviklingen av offisielle språk har gjort det lettere for innbyggerne å kommunisere innenfor visse (oftest politiske) grenser;
- undervisning og oversettelse mellom språk har bidratt til utveksling på tvers av språk;
- etablering av redaksjonelle og bibliografiske retningslinjer har sikret kvaliteten og tilgjengeligheten av trykt materiale;
- etablering av ulike medier som aviser, radio, fjernsyn, bøker og andre medier har dekket en rekke kommunikasjonsbehov.

De siste tjue årene har informasjonsteknologi bidratt til å automatisere og forenkle mange av disse prosessene:

- publiserings- og tekstbehandlingsprogrammer har erstattet skrivemaskin og dokumentproduksjon;
- Microsoft PowerPoint har erstattet overheadtransparenter;
- e-post gjør det mulig å sende og motta dokumenter raskere enn med en faksmaskin;
- Skype tilbyr billige telefonsamtaler via Internett og legger til rette for videokonferanser;
- ulike formater for lagring av lyd og video gjør det enkelt å utveksle multimedial-innhold;
- søkemotorer gjør det enkelt å søke i nettsider;
- nettbaserte tjenester som Google Translate produserer raske, omtrentlige oversettelser;
- sosiale medier som Facebook, Twitter og Google+ forenkler hurtig kommunikasjon, samarbeid og informasjonsdeling.

Selv om slike verktøy og programmer er nyttige, er de ennå ikke i stand til fullt ut å fylle rollen som en bærebjelke for innbyggerne i et flerspråklig europeisk samfunn, med fri flyt av informasjon og varer.

2.1 SPRÅKGRENSER HINDRER UTVIKLINGEN AV ET EUROPEISK INFORMASJONSSAMFUNN

Vi kan ikke forutsi nøyaktig hvordan fremtidens informasjonssamfunn vil se ut. Men det er svært sannsynlig at den viktigste revolusjonen i moderne kommunikasjonsteknologi vil ligge i nye måter å samle folk som snakker forskjellige språk. Dette legger press på den enkelte, som må lære nye språk, og på programutviklere, som må lage nye applikasjoner som kan sikre gjensidig forståelse og tilgang til felles kunnskap. I en økonomi og et informasjonssamfunn som blir stadig mer globalisert vil nye medier føre til enklere interaksjon på tvers av språk, språkbrukere og ulike typer innhold. Sosiale medier som Wikipedia, Facebook, Twitter, YouTube, og nylig Google+ har blitt stadig mer utbredt, men dette er bare toppen av isfjellet.

En stadig mer globalisert økonomi og informasjonssamfunn konfronterer oss med flere språk, ulike språkbrukere og ulike typer innhold.

Ifølge en fersk rapport fra Europakommisjonen kjøper 57% av Internettbrukerne i Europa varer og tjenester på språk som ikke er deres eget morsmål (engelsk er det vanligste fremmedspråket, fulgt av fransk, tysk og spansk). 55% av brukerne kan lese innhold på et fremmedspråk, mens bare 35% bruker et annet språk til å skrive e-post eller poste kommentarer på nettet [6]. For noen år siden var engelsk kanskje Internetts *lingua franca*, men nå er situasjonen dramatisk forandret. Mengden av nettbasert innhold på andre europeiske språk (samt asiatiske og språk fra Midtøsten) har eksplodert.

Dette digitale 'klasseskillet' mellom språkene har overraskende nok ikke fått mye offentlig oppmerksomhet, på tross av at det gjennomsyrer hele samfunnet. Men det aktualiserer et viktig spørsmål: Hvilke europeiske språk vil overleve i et nettverksbasert informasjons- og kunnskapssamfunn, og hvilke er dømt til å forsvinne?

2.2 SPRÅKENE VÅRE STÅR I FARE

Mens trykketeknologien bidro til å øke informasjonsspredning i Europa, førte den også til språkdød. Regionale språk og minoritetsspråk ble sjelden trykt, slik at språk som kornisk og dalmatisk forble begrenset til muntlig overføring, noe som i sin tur begrenset bruksområdene. Vil Internett ha samme virkning på språkene våre?

Det språklige mangfoldet i Europa er en av de viktigste delene av vår kulturarv.

Europas omtrent 80 språk utgjør en av de viktigste delen av vår kulturarv og en sentral del av den europeiske samfunnsmodellen [7]. Mens språk som engelsk og spansk sannsynligvis vil overleve på det nye digitale markedet, risikerer mange europeiske språk å bli irrelevante i et nettverksbasert samfunn. Dette vil kunne svekke Europas posisjon på verdensbasis, og svekke målet om likeverdig deltakelse for alle europeiske borgere, uavhengig av språk. Ifølge en UNESCO-rapport om flerspråklighet er språk et viktig middel for å nyte godt av grunnleggende rettigheter, som politisk ytringsfrihet, utdanning og samfunnsdeltakelse [8].

2.3 SPRÅKTEKNOLOGI KAN TILRETTELEGGE FOR SPRÅKBRUK

Tidligere ble det først og fremst investert i språkopplæring og oversettelse. Beregninger viser at det europeiske markedet for oversettelse, tolkning, programvarelokalisering og nettstedsglobalisering utgjorde 8,4 milliarder euro i 2008, og dette tallet forventes å vokse med 10% årlig [9]. Men denne investeringen dekker bare en liten del av det nåværende og fremtidige behovet for kommunikasjon mellom språk. Et viktig tiltak for å sikre bredden og mangfoldet av språkbruk i morgendagens Europa er å bruke riktig teknologi, akkurat som vi bruker teknologi til å løse utfordringer innen transport, energi og universell utforming.

Digital språkteknologi (rettet mot alle former for skrevet tekst og muntlig tale) kan hjelpe mennesker til å samarbeide, drive handel, dele kunnskap og delta i sosiale og politiske debatter på tvers av språkbarrierer og datakunnskap. Språkteknologi er ofte innebygget i komplekse systemer som hjelper oss med å:

- finne informasjon med Internett-søkemotorer;
- sjekke staving og grammatikk i tekstbehandlingsprogram;
- vise produktanbefalingene i nettbutikker;
- høre taleinstruksjoner fra bilnavigasjonssystemer;
- oversette nettsider via nettbaserte tjenester.

Språkteknologi består av en rekke kjerneapplikasjoner som legger til rette for ulike prosesser innenfor et større applikasjonsrammeverk. Formålet med META-NETs språkrapporter er å undersøke hvorvidt og hvor godt disse kjerneteknologiene er utviklet for de europeiske språkene.

Vi trenger robust og rimelig språkteknologi for alle de europeiske språkene.

For å opprettholde en ledende posisjon innen global innovasjon trenger Europa en språkteknologi som er tilpasset alle europeiske språk og som er robust, rimelig og tett integrert i relevant programvare. Uten språkteknologi vil vi ikke kunne skape en effektiv, interaktiv, multimedial og flerspråklig brukeropplevelse i overskuelig fremtid.

2.4 MULIGHETER FOR SPRÅKTEKNOLOGI

I trykketeknologiens dager besto det viktige teknologiske gjennombruddet av rask kopiering av en tekstside ved hjelp av en trykkpresse. Det omstendelige arbeidet med å slå opp, lese, oversette og oppsummere kunnskap måtte fremdeles utføres av mennesker. Ikke før Edison kunne man lagre tale, og da kun som analoge kopier.

Med språkteknologi kan man nå automatisere selve prosessene for oversettelse, innholdsproduksjon og kunnskapshåndtering for alle europeiske språk. Språkteknologi kan også bidra til intuitive talestyrte grensesnitt for husholdningsmaskiner, biler, datamaskiner og roboter. Vi er fortsatt på et tidlig stadium av utviklingen av anvendte kommersielle og industrielle applikasjoner, men FoU har skapt mange nye muligheter. For eksempel er maskinoversettelse allerede blitt rimelig nøyaktig innenfor bestemte områder, og eksperimentelle applikasjoner muliggjør flerspråklig informasjons- og kunnskapsstyring samt innholdsproduksjon for mange europeiske språk.

Som med de fleste teknologier ble de første anvendelsene innen bl.a. talebaserte brukergrensesnitt og dialogsystemer utviklet for svært spesialiserte domener, og de hadde ofte en nokså begrenset ytelse. Men det ligger store markedsmuligheter innenfor utdanningssektoren og underholdningsindustrien ved å integrere språkteknologi i spill, kulturminnesteder, skole og annen opplæring, biblioteker, osv. Mobile informasjonstjenester, datastøttet språklæring, eLæringsmiljøer, egenvurderingsverktøy og plagiatkontrollprogrammer er bare noen av bruksområdene hvor språkteknologi kan spille en viktig rolle. Populariteten til sosiale medier som Twitter og Facebook illustrerer behovet for avanserte språkteknologier som kan overvåke innlegg, oppsummere diskusjoner, analysere meningstrender, oppdage følelsesmessige reaksjoner, identifisere brudd på lover og regler eller spore misbruk.

Språkteknologi kan hjelpe oss til å bryte ned de språkbarrierer som språklig mangfold skaper

Språkteknologi representerer en enorm mulighet for EU. Den kan bidra til å håndtere flerspråklighet i Europa – det faktum at ulike språk lever i naturlig sameksistens i europeiske bedrifter, organisasjoner og skoler. Men innbyggerne trenger å kommunisere på tvers av disse språkgrensene og på kryss og tvers av det felles europeiske markedet. Språkteknologi kan bidra til å bryte ned denne siste barrieren, samtidig som den støtter fri og åpen bruk av det enkelte språk. Ser man lenger framover, kan nyskapende og flerspråklig europeisk språkteknologi gi en målestokk for våre globale partnere når de utvikler sine egne flerspråklige samfunn. Språkteknologi er en form for 'hjelpemiddel'-teknologi som hjelper oss å bryte ned språklige barrierer og gjør språksamfunn mer tilgjengelig for hverandre. Et annet viktig og aktivt forskningsfelt er bruken av språkteknologi i redningsoperasjoner i katastrofeområder, hvor teknologiytelsen kan bli et spørsmål om liv og død: Fremtidens intelligente roboter med tverrspråklige funksjoner kan redde liv.

2.5 UTFORDRINGER FOR SPRÅKTEKNOLOGI

Selv om språkteknologien har gjort betydelige fremskritt de siste årene, skjer den nåværende teknologiske utviklingen og produktinnovasjonen for langsomt. Vanlige verktøy som stave- og grammatikkontroll i tekstbehandling er vanligvis enspråklige og bare tilgjengelig for en håndfull språk. Nettbaserte maskinoversettelsestjenester er nyttige for å få en rask oversikt over dokumentets innhold, men gir store problemer når svært nøyaktige og fullstendige oversettelser trengs. På grunn av kompleksiteten i menneskelig språk er modelleringen av naturlig språkbruk i programvare, som deretter skal testes ut i den virkelige verden, en tidkrevende og kostbar operasjon som krever en stabil finansiering. De europeiske landene må derfor være aktive i møte med de teknologiske utfordringene som et flerspråklig samfunn står overfor, gjennom aktivt å utvikle nye metoder for å fremskynde utviklingen. Dette kan være både beregningsorienterte fremskritt og teknikker som 'crowdsourcing'.

Den teknologiske utviklingen går for langsomt.

2.6 SPRÅKTILEGNELSE HOS MENNESKER OG MASKINER

For å illustrere hvordan datamaskiner håndterer naturlig språk, og hvorfor det er vanskelig å programmere dem til å prosessere ulike språk, skal vi kort se på hvordan men nesker tilegner seg første- og andrespråk, og deretter se på hvordan språkteknologiske systemer fungerer.

Mennesker tilegner seg språkkunnskap på to forskjellige måter. Babyer lærer et språk ved å lytte til samhandling mellom foreldre, søsken og andre familiemedlemmer. Fra toårsalderen produserer barn sine første ord og korte setninger. Dette er bare mulig fordi mennesker har en genetisk disposisjon til å imitere og rasjonalisere på grunnlag av det de hører.

Å lære et andrespråk på et senere stadium krever mer innsats, hovedsakelig fordi barnet ikke er omgitt av et språkfellesskap, slik det er tilfelle for morsmålet. På skolen tilegnes fremmedspråk vanligvis gjennom innarbeiding av grammatiske strukturer, ordforråd og staving.

Dette skjer ved hjelp av puggeøvelser som beskriver språklige kunnskaper gjennom abstrakte regler, tabeller og eksempler.

Mennesker tilegner seg språkkunnskaper på to forskjellige måter: læring fra eksempler og læring fra underliggende språkregler.

De to hovedtypene av språkteknologiske systemer 'tilegner' seg språklige kunnskaper på en lignende måte. Statistiske (eller 'datadrevne') tilnærminger innhenter språkkunnskap fra store samlinger av konkrete eksempeltekster. For å trene stavekontrollsystemer er det tilstrekkelig å bruke tekst fra et enkelt språk, men skal en trene opp et maskinoversettelsessystem trengs et sett av parallelle tekster for to (eller flere) språk. På denne måten kan maskinen 'lære' mønstre for hvordan ord, korte setninger og fullstendige setninger blir oversatt.

En statistisk tilnærming kan kreve millioner av setninger, og kvaliteten øker jo mer tekst som analyseres. Dette er en av grunnene til at søkemotorleverandører vil samle inn så mye tekst som mulig. Tekstbehandlingsprogrammenes stavekontroller, så vel som tjenester som Google Search og Google Translate, er alle basert på statistiske metoder. Den store fordelen med statistiske metoder er at maskinen lærer raskt gjennom en kontinuerlig serie av treningsrunder, men kvaliteten er varierende.

Den andre tilnærmingen til språkteknologi, og særlig til maskinoversettelse, er å bygge regelbaserte systemer. Språkforskere, datalingvister og dataeksperter må først kode grammatiske analyser (oversettelsesregler) og sette sammen ordlister (leksika). Dette er svært tid- og arbeidskrevende. Noen av de viktigste regelbaserte maskinoversettelsessystemene har vært under kontinuerlig utvikling i mer enn tjue år. Den store fordelen med regelbaserte systemer er at ekspertene har en bedre kontroll over maskinens språkbehandling. Dermed kan man systematisk rette opp feil i programvaren og gi brukeren detaljerte tilbakemeldinger. Dette er spesielt nyttig når systemene brukes til språklæring. Men på grunn av de høye kostnadene har regelbasert språkteknologi så langt bare blitt utviklet for store språk.

De to hovedtypene av språkteknologiske systemer tilegner seg språk på en lignende måte.

Ettersom styrkene og svakhetene ved statistiske og regelbaserte systemer ofte utfyller hverandre, fokuserer forskningen nå på hybridtilnærminger som kombinerer dem. Så langt har imidlertid bruken av disse metodene vært mindre vellykket i industrielle applikasjoner enn i forskningslaboratoriene.

I dette kapittelet har vi sett at mange vanlige dataprogrammer er avhengige av språkteknologi. Dette gjelder særlig for Europa, i kraft av å være et felles økonomi- og informasjonsområde. Selv om kvaliteten på språkteknologi har blitt mye bedre de siste årene, er det fortsatt et stort forbedringspotensial. I det følgende vil vi beskrive rollen norsk språk har i det europeiske informasjonssamfunnet og vurdere tilstanden for norsk språkteknologi.

3

NORSK I DET EUROPEISKE INFORMASJONSSAMFUNNET

3.1 GENERELLE FAKTA

Norsk er felles tale- og skriftspråk i Norge, og er morsmålet til det store flertallet av den norske befolkningen (mer enn 90%, omtrent 4.320.000 språkbrukere). Norsk brukes i politikk og offentlig forvaltning, på alle nivåer i utdanningssystemet og i daglig kommunikasjon.

> Norsk er morsmålet til mer enn 90% av den norske befolkningen.

Minoritetsspråkene (slik de defineres i Den europeiske pakt om regionale språk eller mindretallsspråk) i Norge er samisk, kvensk, romanes og norsk romani. Hver av disse gruppene omfatter mellom noen hundre til flere tusen språkbrukere [2]. Norsk tegnspråk blir brukt av omtrent 15.000 språkbrukere [10]. I tillegg finnes det ulike innvandrerspråk. Innvandrere og personer født i Norge med innvandrerforeldre utgjør 600.900 personer, eller 12,2%, av befolkningen i Norge. De fleste av innvandrerne er fra Polen, Sverige, Tyskland og Irak, i følge Statistisk sentralbyrå.

Norsk er et nordgermansk språk som er nært beslektet med dansk og svensk, og disse tre språkene er gjensidig forståelige. Norsk har et stort mangfold av dialekter. Selv om såkalt 'standard østnorsk' fungerer som en *de facto* standard for normalisert tale, er en slik standardisering i langt mindre grad virksom i Norge enn i de fleste andre europeiske landene. Norsk har to offisielle målformer, bokmål og nynorsk. Formelt har de lik status, men i praksis er bokmål den desidert mest brukte, og brukes av omtrent 87% av befolkningen [2]. For å sikre fortsatt bruk av nynorsk regulerer *Målloven* skriftlig språkbruk i offentlig sektor, og alle elever lærer både bokmål og nynorsk på skolen, selv om der finnes politiske bevegelser som vil avskaffe dette kravet.

3.2 SÆRTREKK VED NORSK SPRÅK

Norsk har en rekke særtrekk som bidrar til språklig rikdom, men som samtidig skaper utfordringer for automatisk prosessering av naturlig språk.

3.2.1 Utfordringer i norsk talespråk

Muntlig norsk omfatter et bredt utvalg av dialekter, som tradisjonelt har en mye mer fremtredende rolle enn i nabolandene [2]. Siden en muntlig standardnorm vanligvis ikke brukes for norsk, bruker språkbrukerne stort sett dialekten sin i muntlig kommunikasjon, også i media, om enn noen ganger i moderert form.

Dialektvariasjon er en utfordring for datamaskiner når man forsøker å konvertere tale til tekst eller tekst til tale.

> Norges dialektmangfold er en utfordring når datamaskinen konvertere tale til tekst eller tekst til tale.

Videre kan man på norsk, som i andre germanske språk, danne nye ord ganske fritt ved å sette sammen eksisterende ord. For eksempel kan ordene *aske, krise* og *pakke* bli sammensatt til *askekrisepakke*. Noen slike sammensatte uttrykk blir bare brukt av og til, mens noen utgjør terminologi i spesialiserte domener, og atter andre blir leksikalisert (dvs. blir en del av vårt vanlige ordforråd) og inngår i ordbøker.

Dessuten har de fleste norske dialekter en kontrastiv bruk av tonefall realisert som to distinkte ordintonasjoner, ofte kalt tonem 1 og 2. Disse tonemene, kombinert med en mangel på et én-til-én-forhold mellom lyder og bokstaver i norsk, utgjør en særlig utfordring for taleteknologi. Blant annet har norsk et bredt spekter av homografiske former (som skrives likt) som realiseres med forskjellige tonemer, for eksempel *sulten* (tonem 1) versus *sulten* (tonem 2). Det er da avgjørende at et talesyntesesystem er i stand til å angi rett tone til en forekomst av et leksem, i dette tilfellet ved å angi korrekt ordklasse, såkalt syntaktisk disambiguering.

Ved konvertering fra tekst til tale er syntaktisk disambiguering nødvendig for å skille mellom homografer som er forskjellige både når det gjelder tone og ordklasse, slik som paret *landet* [lanE] (tonem 1, eng. 'the country') versus landet *landet* [lanEt] (tonem 2, eng. 'landed'). Faktisk har de fleste intetkjønnssubstantiver korresponderende homografiske verb.

3.2.2 Utfordringer i skriftlig norsk

Når det gjelder skriftlig norsk er der stor variasjon mellom de to offisielle norske målformene både med hensyn til rettskrivning og ordformasjon, og også i noen deler av ordforrådet og grammatikken.

I praksis er kravet om tospråklighet i forvaltningen og utdanningssektoren noen ganger vanskelig å møte, ettersom forskjellene kan oppleves som vanskelig å lære. Det gjøres en stor innsats for å opprettholde denne tospråkligheten, og behovet for korrekturlesing og nøyaktig oversettelse mellom de to formene er derfor åpenbart. Selv innenfor den enkelte målformen er stor variasjon tillatt i form og bøying av ord. Ordet *slukke* kan for eksempel også skrives som *slokke* på bokmål (*sløkke* eller *sløkkje* på nynorsk), mens fortidsformene på bokmål kan være *slukket, slukka, slokket* eller *slokka.*

> Endringer i rettskrivning, ordtilfang og ordformasjon gjør at flere eksisterende språkressurser trenger å oppdateres.

Selv om ikke alle mulige kombinasjoner av ord og avslutninger blir brukt i praksis, er kombinasjonsmulighetene likevel formidable, og fører noen ganger til tusenvis av mulige måter å skrive samme setning. For å komplisere saken ytterligere har det norske skriftsystemet ikke vært stabilt, fordi en rekke rettskrivingsreformer har blitt vedtatt opp gjennom årene. Følgelig trenger flere eksisterende språkressurser å oppdateres.

Som nevnt i avsnittet om særegenheter ved norsk talespråk, er sammensatte ord på norsk en utfordring for all språkteknologi, fordi det krever gode analyseverktøy for slike uttrykk. En av mange utfordringer for automatisk oversettelse er bruk av norske refleksiver som i følgende setning:

Per visste ikke at Kari hadde forsøkt å reparere bilen sin.

En korrekt oversettelse forutsetter en dyp grammatisk analyse av denne setningen.

3.3 NYLIGE UTVIKLINGSTREKK

I løpet av det siste tiåret har Språkrådet fattet en rekke vedtak som skal forenkle rettskrivningen i de to målformene og gjøre dem mer forenlige med med den faktiske bruken. Man har gått bort fra det tidligere politiske målet om å slå de to målformene sammen, og variasjonen har i stedet blitt redusert, selv om det fortsatt er en betydelig grad av frihet. Utenlandske filmer og fjernsynsprogrammer er vanligvis ikke dubbet til norsk (i motsetning til i mange andre land, som Tyskland og Spania), noe som betyr at generasjoner av nordmenn har vært sterkt eksponert for engelsk, særlig i oppveksten. Denne eksponeringen har trolig økt gjennom bruken av Internett. Derfor har mange nordmenn gode ferdigheter i engelsk. Tilstedeværelsen av engelsk gjenspeiles i lånord fra engelsk, men en undersøkelse av nye ord i norske aviser i løpet av de siste ti årene viser at bare rundt 5% av nyordene kommer fra engelsk [11].

Med et domenetap for engelsk innenfor bestemte domener kan norsk bli delvis ubrukelig som kommunikasjonsspråk.

Likevel er det språkpolitisk uttrykt en bekymring [12] for at norsk taper terreng innenfor bestemte domener, for eksempel i IKT, næringsliv, økonomiske og administrative domener. Et såkalt domenetap betyr at et annet språk (engelsk, i vårt tilfelle) blir hovedspråket innenfor et bestemt område, noe som betyr at nye norske termer ikke lenger blir produsert i dette domenet. Dermed kan norsk bli delvis ubrukelig som kommunikasjonsspråk, både mellom eksperter på feltet og mellom eksperter og allmennheten. Ironisk nok kan fraværet av tilfredsstillende norske termer bidra til at språkbrukerne utvikler en generell holdning om at det er lettere å uttrykke noe på engelsk.

Siden det generelt er vanskeligere å uttrykke seg riktig og effektivt på et fremmedspråk, er det viktig å øke bevisstheten om domenetap, fordi vi risikerer å utelukke de som ikke kan engelsk fra å ta del i informasjonssamfunnet. Oversettelser og forklaringer bør gjøres tilgjengelig der dette er nødvendig.

3.4 SPRÅKPOLITIKK I NORGE

Mediene spiller en betydelig rolle for bevaringen av språk, og i norske medier er statusen til det norske språket ubestridt. Det er 13 radiokanaler og 19 tv-kanaler som sender over hele Norge (regionale og lokale radiokanaler ikke inkludert), og alle sender primært på norsk, bortsett fra enkelte programmer på samisk og på tegnspråk. Alle fremmedspråklige programmer er tekstet på norsk, bortsett fra noen barneprogrammer som vanligvis er dubbet og programmer på andre skandinaviske språk som antas å bli forstått. Ved direktesendinger på andre språk, også på engelsk, oversetter eller oppsummerer som regel norsktalende kommentatorer høydepunktene. Norsk er ikke etter loven definert som nasjonalspråk i Norge, og det har blitt sagt ironisk at det finnes lover for å beskytte minoritetsspråk og standardnynorsk, men ingen språkpolitikk for å beskytte norsk [12]. Tre viktige lover styrer språkpolitikken, den mest kjente er *Mållovven* av 1980. I tillegg har vi *Samisk språklov* (1987) og *Lov om stadnamn* (1990) [2].

Kulturdepartementet har det overordnede ansvaret for norsk språkpolitikk, mens Språkrådet er autorisert til å utvikle og iverksette den gitte politikken. Språkrådet i Norge har et mer omfattende ansvar enn tilsvarende instanser i Sverige og Danmark. Blant annet har det ansvar for tilsyn og standardisering av språket, for styrking av norsk i samfunnet, for de to målformene, og for å ivareta norsk tegnspråk og minoritetsspråk. Språkrådet har spilt en viktig rolle for å få behovet for norsk språkteknologi på den politiske dagsordenen. Gjennom rapporter til regjeringen, strategidokumenter og mediedekning har de fremmet synet om at språkteknologi er viktig for Norge, både økonomisk og kulturelt.

Språkbanken, opprettet i 2010, skal være en infrastruktur for bevaring og deling av språkressurser og utviklingsverktøy for både forskning og industri.

Språkrådet bidro også til å overbevise politikerne om at *Språkteknologisk ressurssamling for norsk – Språkbanken* burde etableres som et språkpolitisk virkemiddel, og dette synet ble fremmet i flere rapporter som finnes på http://www.sprakradet.no/nb-NO/Tema/IKT--sprak/Norsk-sprakbank/. Språkbanken er ment som "en tjeneste til den delen av næringslivet som arbeider med utvikling av språkbasert IKT, til forskere innen språkvitenskap og språkteknologi, og til offentlege virksomheter som utvikler elektroniske løsninger for offentlige tjenester." Mer konkret skal Språkbanken være en infrastruktur for bevaring og deling av språkressurser og utviklingsverktøy for både forskning og industri. I kjølvannet av stortingsmeldingen *Mål og meining* [2] fikk Nasjonalbiblioteket i oppdrag å etablere Språkbanken og å starte innsamlingen og utviklingen av språkressurser som skulle innlemmes i den. Siden juni 2011 er flere språkressurser lagt ut, og er nå fritt tilgjengelig for nedlasting, gjennom Språkbanken, og nye ressurser er under utvikling. Oppdatert informasjon finnes på http://www.nb.no/spraakbanken/.

Stortingsmeldingen *Mål og meining* understreket også at terminologiske ressurser i Norge har betydelige mangler med hensyn til dekningsgrad, og at der derfor er et behov for oppdatering. Eksisterende terminologiressurser varierer sterkt med hensyn til format, innhold, struktur og metadata. Siden bevaring av norsk terminologi er et viktig språkpolitisk spørsmål, ga Språkrådet i Norge, med økonomisk støtte fra Kulturdepartementet, selskapet Standard Norge i oppdrag å utvikle en fritt tilgjengelig termbase med terminologi på flere språk [13]. Denne termbasen ble gjort offentlig tilgjengelig for nettsøk i 2011, men er så langt ikke blitt gjort tilgjengelig for nedlasting og bruk i videre FoU.

3.5 SPRÅK OG UTDANNING

Nyere forskning tyder på at viktigheten av språk i utdanningssammenheng ikke bør undervurderes. Fra et språkteknologisk synspunkt er behovet for gode skriftlige hjelpemidler derfor klart.

Den første PISA-undersøkelsen (2000) viste at norske elever skåret marginalt over OECD-gjennomsnittet med hensyn til leseferdigheter. Debatten i etterkant økte den offentlige bevisstheten om viktigheten av språklæring, og flere nasjonale tiltak ble derfor satt i verk for å stimulere norske elevers leseferdigheter. I den siste PISA-testen i 2009 [14] gjorde norske elever det betydelig bedre med hensyn til leseferdigheter (selv om gjennomsnittet i OECD også har sunket siden 2000, noe som svekker virkningen av den tilsynelatende forbedringen hos norske elever). Som i de tidligere PISA-testene var resultatet i 2009 særlig lavt for elever med migrasjonsbakgrunn.

Behovet for gode språkteknologiske skrivestøtteverktøy innen utdanningssektoren er åpenbart.

Når det gjelder leseferdigheter hos voksne viser resultater fra undersøkelsen "Adult Literacy and Life Skill" (ALL) at leseferdigheten hos 300.000 voksne nordmenn, eller en av ti, er så lav at de får problemer i det moderne samfunnet [15]. I undersøkelsen blir individenes leseferdigheter rangert på en skala fra 1 til 5 for ulike områder. Ifølge OECDs definisjon vil lesere på nivå 1 og 2 innenfor minst ett av områdene få problemer i et moderne informasjonssamfunn. I Norge gjelder dette om lag 1 million lesere.

Behovet for å lære både bokmål og nynorsk er et kontroversielt tema i Norge. I skolen bestemmer kommunen hovedmålet i grunnskolene fra og med første klasse, mens sidemålsundervisningen vanligvis introduseres i sjuende klasse. I dag har omtrent 87% av alle norske elever nynorsk som sidemål [16]. De med nynorsk som hovedmål har som regel få problemer med å lære å mestre bokmål, siden de eksponeres for bokmål gjennom media og litteratur fra barnsben av. Flertallet av elevene, som altså har bokmål som hovedmål, opplever derimot ofte problemer med å beherske nynorsk, siden de har fått mindre opplæring og vært mindre eksponert for det.

Statusen til norsk som skolefag i grunnskolen gjenspeiler til en viss grad behovet for å prioritere leseferdigheter. En undersøkelse publisert av Utdanningsdirektoratet i 2009 viser at norskfaget utgjør omtrent 26% av undervisningstiden for elever mellom 6-12 år. På dette området ligger det norske skolesystemet nær Frankrike, Hellas og Nederland, hvor nesten en tredjedel av undervisningstiden for 9-til-11-åringer er i morsmålsopplæring.

Et annet aspekt ved språkets rolle i opplæringen er at norskopplæring har blitt en del av utlendingspolitikken i Norge. I 2003 ble den såkalte *Introduksjonsloven* vedtatt. I følge denne loven har innvandrere rett og plikt til 300 timer undervisning i norsk språk, historie, kultur og lovgivning. I følge *Utlendingsloven* av 2008 er oppfyllelse av denne plikten en av forutsetningene for å kunne innvilges permanent opphold i Norge.

Et aktuelt tiltak for å gi elever nødvendige språkferdigheter for aktiv deltakelse i samfunnet er å øke mengden av norskundervisning i skolen. Språkteknologi kan være et viktig bidrag gjennom såkalt dataassistert språklæring (*computer-assisted language learning*; CALL), systemer som lar elevene oppleve språk på en attraktiv måte, for eksempel ved å knytte vokabular i elektroniske tekster til lett forståelige definisjoner eller til lyd- eller videofiler som kan gi tilleggsinformasjon om for eksempel uttale.

3.6 INKLUDERINGSASPEKTER

Det er et uttalt politisk mål i Norge å sikre alle innbyggere like muligheter for deltakelse. Flere lover angår spørsmålet om inkludering, for eksempel *Diskriminerings- og tilgjengelighetsloven* og *Lov om opplæring*, som spesifiserer at utdanning skal tilpasses den enkeltes behov. Særlig viktig er *Diskriminerings- og tilgjengelighetsloven*, som spesifiserer at nye IKT-løsninger rettet mot allmennheten, for eksempel sosiale nettverk eller offentlige nettsider, skal tilfredsstille lovens krav om tilgjengelighet innen 1. juli 2011. Innen 2025 skal alle IT-løsninger tilfredsstille lovens krav.

Innen 2025 skal alle IKT-løsninger rettet mot allmennheten, for eksempel sosiale nettverk eller offentlige nettsider, tilfredsstille lovens krav om tilgjengelighet.

Tekstbaserte kommunikasjonsmedier (SMS, e-post, Facebook, blogging, Twitter) har i løpet av svært kort tid endret måten vi kommuniserer på. Mye faglig og personlig kommunikasjon, og til og med viktige offentlige debatter, foregår på Internett. Slike digitale nettverk krever at tekster av høy kvalitet produseres raskt.

For de fleste er nett- og tekstbasert kommunikasjon en berikelse, men ikke alle er bekvem med denne kommunikasjonsmåten. For det første har anslagsvis 5% av befolkningen alvorlig dysleksi, mens så mange som 20% av befolkningen mellom 16 og 20 år har generelle lese- og skrivevansker, ifølge Dysleksiforbundet. For det andre er mange språkbrukere med norsk som andrespråk fortsatt i en læringsprosess. Omtrent to av tre innvandrere har svake leseevner [17]. For det tredje skriver bevegelseshemmete, svaksynte eller blinde brukere ofte feil fordi de mistolker talerespons eller er uvitende om feil som akkurat er gjort. For alle de nevnte gruppene oppstår ofte større problemer med tekstbruk under tidspress. Personer med motoriske vansker kan også oppleve problemer med tekstbruk, og trenger ofte spesielt tilpassede løsninger.

Med andre ord er det en reell fare for at disse gruppene vil bli avskåret fra å dra full nytte av tekstbaserte kommunikasjonsmedier, med mindre de får tilgang til brukervennlige verktøy som kan støtte kommunikasjonsprosessen. Til syvende og sist er denne utfordringen potensielt et demokratisk problem. Brukervennlige språkteknologiske verktøy er her en av de viktigste mulighetene for å oppfylle loven om universell utforming og å sørge for at alle inkluderes.

3.7 INTERNASJONALE ASPEKTER

Engelsk er uten tvil det dominerende språket i norske vitenskapelige publikasjoner. En studie fra 2004 viste at om lag åtte av ti vitenskapelige artikler skrevet av norske forskere ble utgitt på engelsk; mer enn en tredjedel av disse ble publisert utenfor Norge [18].

Vi ser den samme engelske dominansen i næringslivet [16, 19]. En stadig mer internasjonal arbeidsstokk skaper flerspråklige arbeidsplasser, hvor engelsk blir arbeidsspråket. Norge har en eksportbasert økonomi, og er tungt involvert i internasjonal humanitær, diplomatisk og militær aktivitet; sistnevnte i regi av FN eller NATO. Gode kunnskaper i engelsk og andre fremmedspråk er derfor viktig for nordmenn på på mange områder, fra næringsliv og høyere utdanning til det militære, politikk og diplomati. Engelsk er det mest brukte fremmedspråket, og selv om nordmenn har ord på seg for å være dyktige i engelsk, mangler likevel mange språkbrukere ferdighetene som trengs for avansert bruk i jobbsammenheng. En rekke av de spurte i departementene mener at bruk av engelsk går utover Norges innflytelse for eksempel i forhandlinger på europeisk nivå, mens bruken av engelsk i næringslivet har ført til svekkede forretningsmuligheter og til og med tap av kontrakter.

> Fungerende systemer for maskinoversettelse vil være avgjørende for å gi nordmenn friheten til å bruke morsmålet sitt i fremtiden.

Språkteknologi kan møte denne utfordringen fra et annet perspektiv ved å tilby tjenester som maskinoversettelse eller tverrspråklig informasjonsinnhenting, og dermed bidra til å redusere personlige og økonomiske ulemper som de som ikke har engelsk som morsmål ofte møter. Faktisk vil maskinoversettelse være avgjørende for å gi nordmenn friheten til å fortsette å bruke morsmålet sitt i fremtiden. I situasjoner der nordmenn trenger å kommunisere på engelsk, står man som regel overfor valget mellom å skrive dokumenter én gang på engelsk eller dobbelt opp på engelsk og norsk. Med et fungerende norsk-til-engelsk maskinoversettelsessystem kan norsk opprettholdes som arbeidsspråk i Norge.

3.8 NORSK PÅ INTERNETT

I 2010 hadde om lag 93% av den norske befolkningen internettilgang ifølge MedieNorge. Omtrent 68% var på nettet hver dag; blant unge er brukerandelen enda høyere. En studie fra 2010 viste at mer enn 2,5 millioner nordmenn, omtrent halvparten av befolkningen, har en Facebookprofil, noe som plasserer nordmenn blant de mest dedikerte brukerne av dette sosiale mediet. Estimater viser at det finnes omtrent 34 millioner nettsider på norsk.

> Den økende bruken av Internett har en avgjørende betydning for språkteknologi.

Den enorme mengden digitale språkdata er en viktig ressurs for å analysere bruken av naturlig språk, spesielt for innsamling av statistisk informasjon om språkmønstre. Internett omfatter også et bredt utvalg av bruksområder for språkteknologi.

I Norge er man i ferd med å utvikle to forskningsdrevne tekstkorpus basert på tekst fra Internett. Det største tilgjengelige norske korpuset per i dag er Norsk aviskorpus, et monitorkorpus av norske avistekster publisert på nett. Korpuset er utviklet i samarbeid mellom NHH i Bergen og Uni Research i Bergen. Korpuset er nå på over 900 millioner ord, og utvides i gjennomsnitt med 1 millioner ord ukentlig, dvs. en ordmengde tilsvarende omtrent 10 romaner. Det andre internettkorpuset, NoWaC, er utviklet ved Tekstlaboratoriet ved Universitetet i Oslo, og inneholder omtrent 700 millioner ord lastet ned fra hoveddomenet .no.

Når det gjelder parallell eller oversatt tekst på Internett er tilgangen begrenset for norsk sammenlignet med andre europeiske språk. Oversatte tekster til og fra norsk er vanskelige å finne (med unntak av tekster med relevans for EØS er EU-tekster generelt ikke oversatt til norsk), og slike ressurser er nødvendige for maskinoversettelse og programvare for oversettelsesminne. Sett i lys av det antatte behovet har forholdsvis lite språkteknologi blitt utviklet og anvendt for oversettelse av nettsteder. Den mest brukte nettapplikasjonen er nettsøk, som innebærer automatisk prosessering av språk på flere nivåer (dette vil bli gått gjennom i mer detalj senere). Nettsøk forutsetter avansert språkteknologi som er forskjellig for hvert språk. På grunn av de to målformene i norsk, samt betydelige variasjoner innenfor dem, må en ofte gå gjennom et omfattende antall varianter av søkeord eller setninger som skal passe sammen. Det neste kapitlet gir en innføring i språkteknologi og de viktigste bruksområdene, sammen med en evaluering av dagens språkteknologi for norsk.

SPRÅKTEKNOLOGISK STØTTE FOR NORSK SPRÅK

Språkteknologiske verktøy og ressurser er programvare utviklet for å håndtere menneskelig språk og kalles derfor ofte 'menneskelig språkteknologi'. Menneskelig språk finnes i muntlig og skriftlig form. Mens tale er den eldste og evolusjonsmessig mest opprinnelige formen for språklig kommunikasjon, blir kompleks informasjon og det meste av menneskelig kunnskap lagret og overført i skriftlige tekster. Teknologi for tale og tekst prosesserer eller produserer språk i henholdsvis muntlig og skriftlig form, men begge typer teknologi bruker ordbøker og grammatiske og semantiske regler. Dette betyr at språkteknologi knytter språk til ulike former for kunnskap, uavhengig av mediet (tale eller tekst) kunnskapen er uttrykt i. Figur 1 illustrerer det språkteknologiske landskapet.

Når vi kommuniserer, kombinerer vi språk med andre kommunikasjonsmåter og informasjonsmedia – for eksempel kan det å snakke omfatte både gester og ansiktsuttrykk. Digitale tekster kan knytte seg opp mot både bilder og lyd. Filmer kan inneholde språk i både muntlig og skriftlig form. Med andre ord er tale- og teksteknologi overlappende, og de samhandler med andre teknologiske verktøy som bidrar til behandling av multimodal kommunikasjon og multimediadokumenter.

I det følgende vil vi diskutere de viktigste bruksområdene for språkteknologi, nemlig korrekturlesning, nettsøk, taleteknologi og maskinoversettelse.

Dette omfatter programmer og grunnleggende teknologier som:

- korrekturlesning
- skrivestøtte
- data-assistert språklæring
- informasjonsinnhenting
- informasjonsekstrahering
- tekstsammendrag
- besvarelse av spørsmål/dialogsystemer
- talegjenkjenning
- talesyntese

Språkteknologi er et etablert forskningsfelt, og det finnes et omfattende utvalg av introduksjonslitteratur. For videre lesning anbefales lærebøkene [20, 21], oversiktsverkene [22] og nettsiden LT World (http://www.lt-world.org).

Før vi går videre til en diskusjon av disse bruksområdene, skal vi kort beskrive oppbyggingen av et typisk språkteknologisk system.

4.1 APPLIKASJONSARKITEKTURER

Dataprogrammer for språkbehandling består typisk av flere komponenter som gjenspeiler ulike aspekter ved språket. Slike applikasjoner er som oftest svært komplekse, og figur 2 viser en svært forenklet arkitektur for et vanlig tekstbehandlingsprogram. De tre første modulene håndterer strukturen og betydningen til den analyserte teksten:

1: Språkteknologi

1. Preprosessering: Renser data, analyserer eller fjerner formattering, identifiserer inndataspråk, osv.
2. Grammatisk analyse: Finner verbet, identifiserer verbets objekter, modifikatorer og andre setningskomponenter, identifiserer setningsstruktur.
3. Semantisk analyse: Utfører disambiguering (dvs. beregner betydningen av et ord i en gitt kontekst); løser opp anaforer (dvs. finner hvilket pronomen som refererer til hvilket substantiv i setningen); representerer setningens betydning på en maskinlesbar måte.

Etter tekstanalysen kan moduler innrettet mot spesifikke oppgaver tas i bruk, for eksempel automatisk sammendrag og databasesøk.

I resten av dette kapittelet skal vi først gi en beskrivelse av de viktigste bruksområdene for språkteknologi. Deretter følger en kort oversikt over situasjonen for språkteknologisk forskning og utdanning i dag, sammen med en beskrivelse av tidligere og nåværende forskningsprogrammer. Til slutt presenteres et ekspertestimat for de viktigste språkteknologiske verktøyene og ressursene for norsk, vurdert etter ulike kriterier som tilgjengelighet, modenhetsnivå og kvalitet. Den generelle situasjonen for språkteknologi for norsk språk er oppsummert i en egen tabell (figur 8), som gir en oppdatert oversikt over språkteknologi for norsk. Den språkteknologiske støtten for norsk språk er også sammenliknet med de andre språkene som er analysert i denne hvitbokserien.

4.2 DE VIKTIGSTE BRUKSOMRÅDENE

I dette delkapittelet fokuserer vi på de viktigste språkteknologiske verktøyene og ressursene, og gir en oversikt over språkteknologisk virksomhet i Norge.

4.2.1 Korrekturlesningsverktøy

Alle som har brukt et tekstbehandlingsprogram som Microsoft Word vet at den har en stavekontroll som uthever stavefeil og foreslår rettelser. De første stavekontrollene sammenlignet en liste av utvalgte ord mot en ordbok med korrekte ord. I dag er slike programmer langt mer sofistikerte. Ved å bruke språkspesifikke algoritmer for **grammatisk analyse** kan de oppdage morfologiske feil (f. eks. flertallsformer) samt syntaktiske feil, som manglende verb eller gal verbbøyning (f.eks. *hun *skrive et brev*). Men de fleste korrekturverktøyene vil ikke finne noen feil i følgende engelske tekst, fordi alle ordene er korrekt stavet, selv om noen av ordvalgene faktisk er feil [23]:

> I have a spelling checker,
> It came with my PC.
> It plane lee marks four my revue
> Miss steaks aye can knot sea.

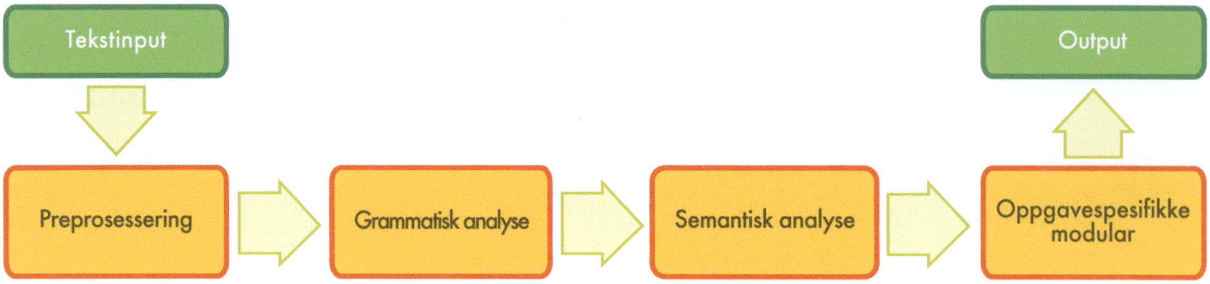

2: En typisk applikasjonsarkitektur for tekstprosessering

For å avdekke slike feil trengs en analyse av konteksten, for eksempel for å avgjøre om et norsk ord skal staves med enkel eller dobbel konsonant i norsk, som i *vil* vs. *vill*. Denne typen analyse må enten baseres på språkspesifikke **grammatikker** som eksperter møysommelig har kodet i programvaren, eller på en statistisk språkmodell. I en statistisk modell beregnes da sannsynligheten for at et bestemt ord forekommer i en bestemt posisjon i teksten. For eksempel er *jeg vil ha* en mye mer sannsynlig ordsekvens enn *jeg vill ha*. En statistisk språkmodell kan genereres automatisk ved hjelp av en stor mengde av (riktige) språkdata, et **tekstkorpus**.

Disse to tilnærmingene har i hovedsak blitt utviklet med utgangspunkt i materiale fra engelsk. Imidlertid kan ingen av dem enkelt overføres til norsk, siden norsk har annerledes ordstilling, sammensatte ord og et mer omfattende bøyningsmønster for visse ordklasser enn engelsk. Studier med utgangspunkt i norsk er derfor nødvendig. Siden norsk har to offisielle målformer, hvorav den ene er mindre brukt, er behovet for gode korrekturverktøy for hver av målformene betydelig.

Korrekturlesningsverktøy er ikke begrenset til tekstbehandlingsprogrammer, det er også brukt i "skrivestøttesystemer", dvs. programvaresystemer som brukes for å skrive manualer og andre typer teknisk dokumentasjon som må oppfylle spesielle standarder for eksempel innen IT- og helsesektoren og innen ingeniørvirksomhet. I frykt for kundeklager og skadekrav som følge av uklare instruksjoner, fokuserer næringslivet i økende grad på teknisk dokumentasjonskvalitet, samtidig som de retter seg mot et internasjonalt marked (via oversettelses- eller lokaliseringstjenester). Fremskritt innen prosessering av naturlig språk har ført til utvikling av programvare for skrivestøtte. Slik programvare hjelper forfattere av teknisk dokumentasjon til å bruke ordforråd og setningsstrukturer som er i samsvar med industriregler og (bedriftsinterne) terminologiske restriksjoner.

Korrekturlesningsverktøy brukes ikke bare til tekstbehandling, det brukes også i skrivestøttesystemer.

Gode korrekturlesningsverktøy kan være et viktig redskap for personer med skrivevansker, det være seg dyslektikere eller andrespråkselever, siden en kontekstsensitiv analyse gjør det mulig å foreslå færre og mer relevante stavemåter; det motsatte, mange valg, krever nettopp et høyt nivå av leseferdighet og språklig bevissthet.

Enkelte norske selskaper og språktjenesteleverandører utvikler produkter på dette området. I forskningssektoren utvikles grunnleggende språkteknologiske ressurser som kan være av nytte for grammatikk- og stavekontroll (leksikon, ordlister, tekstkorpus, analyseverktøy for sammensatte ord); disse er i hovedsak utviklet ved Universitetet i Oslo, Universitetet i Bergen og Uni Research i Bergen.

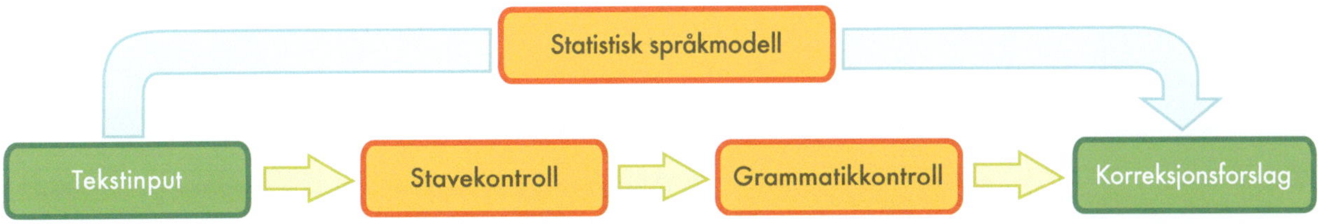

3: Korrekturlesning (over: statistisk; under: regelbasert)

Det mest brukte korrekturverktøyet for norsk finnes i Microsoft Office-pakken, og er laget av det finske firmaet Lingsoft, mens deler av grammatikkontrollen for bokmål ble utviklet av forskere ved Universitetet i Oslo. Stavekontroll for bokmål og nynorsk med åpen kildeteknologi, som *Hunspell*, er også tilgjengelig.

En annen norsk kommersiell aktør er Tansa, som spesialiserer seg på korrekturverktøy tilpasset større bedrifters spesifikke behov og ordforråd. De dekker flere språk i tillegg til norsk bokmål og nynorsk (for eksempel engelsk, tysk, spansk og fransk), og kundene spenner fra NRK til Financial Times. Nynodata AS tilbyr et oversettelsesverktøy fra bokmål til nynorsk som samtidig hjelper brukeren å følge en konsekvent formbruk.

Tre selskaper retter seg spesifikt mot skriftlige hjelpemidler for dyslektikere. To av dem, Lingit og Include, inneholder en stavekontrollmodul i tillegg til andre lese- og skriveverktøy (ordprediksjon, tekst-til-tale-komponenter), mens MikroVerkstedet tilbyr fullføring av ord og ordprediksjon.

Ved første øyekast fremstår dermed situasjonen for korrekturverktøy på norsk som god. Men samtidig er flere av initiativene nokså sårbare. For eksempel er norsk korrekturlesning basert på åpen kildekode (*aspell, Hunspell*) drevet av tre enkeltpersoner som gjør dette på fritiden. Med andre ord er en av de viktigste norske konkurrentene til Microsofts programvare avhengig av et personlig initiativ fra en håndfull idealistiske enkeltpersoner, snarere enn en systematisk innsats for å utvikle moduler med åpen kildekode. Videre er det en viktig utfordring for de fleste norske korrekturlesningsverktøyene å *forbedre* eksisterende ressurser ved å utvikle mer avanserte språkteknologiske verktøy. Det mangler også språkspesifikke verktøy for automatisk oversettelse og oversettelsesstøtte. Verktøy med oversettelsesminne som Trados finnes, men de har ingen språkspesifikk tilpasning til norsk utover en grunnleggende stavekontroll.

Utover korrekturlesning og skrivestøtte er korrekturverktøy også viktig innenfor data-assistert språklæring. Korrekturverktøy kan også automatisk korrigere nettsøk, som i Googles *Mente du...* – forslag til korrekte nettsøk.

4.2.2 Nettsøk

Digitale søk er sannsynligvis den mest brukte språkteknologiske applikasjonen, men den er samtidig i stor grad underutviklet. Søkemotoren Google, som ble opprettet i 1998, utfører nå omtrent 80% av alle nettsøk [24]. Googles søkegrensesnitt og resultatvisning har ikke endret seg vesentlig siden den første versjonen. Men i den nåværende versjonen tilbyr Google stavekorrigering for feilstavede ord, og har innarbeidet grunnleggende semantiske søkemuligheter som kan forbedre nøyaktigheten gjennom analyser av ordets betydning i en gitt søkekontekst [25]. Googles suksess viser at med store mengder tilgjengelige data kan statistiske metoder gi relativt gode resultater.

For mer sofistikerte informasjonssøk er det imidlertid avgjørende å integrere dypere lingvistiske analyser

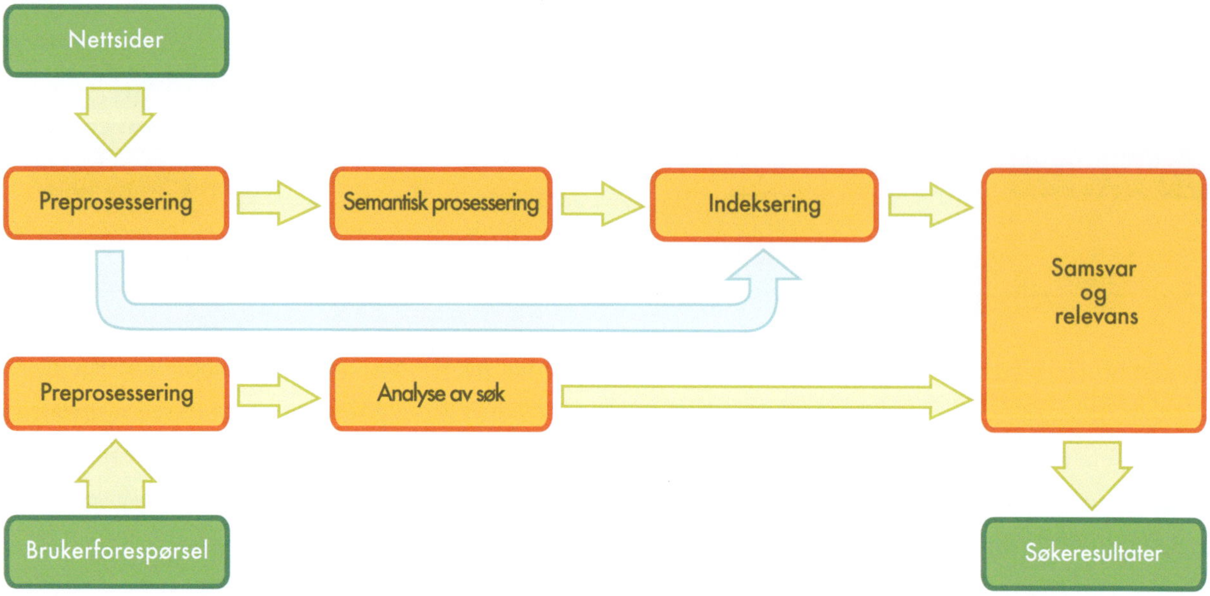

4: Nettsøk

for teksttolkning. Eksperimenter med **leksikalske ressurser**, som maskinlesbare tesauruser eller ontologiske språkressurser (for eksempel WordNet for engelsk; et norsk ordnett er ventet innen utgangen av 2012), har gitt bedre resultater når det gjelder å finne nettsider som inneholder synonymer til den opprinnelige søketermen, som *atomkraft*, *kjerneenergi* og *nukleærenergi*, og til og med termer som er enda løsere beslektet.

Den neste generasjonen søkemotorer må bruke en mye mer sofistikert språkteknologi.

Den neste generasjonen søkemotorer må bruke en mye mer sofistikert språkteknologi, særlig for søk som består av et spørsmål eller en annen type setning, og ikke bare en liste av nøkkelord. For å svare på søket *Gi meg en liste over alle selskaper som har blitt tatt over av et annet selskap de siste fem årene*, må systemet gjøre en **syntaktisk** og **semantisk analyse** av setningen og lage en hurtig oversikt over relevante dokumenter. Et tilfredsstillende svar forutsetter en syntaktisk analyse av setningens grammatiske struktur for å slå fast at brukeren spør etter selskaper som har blitt kjøpt opp, ikke selskaper som har kjøpt opp andre. Når det gjelder uttrykket *de siste fem årene* må systemet avgjøre hvilke år det dreier seg om. Søket må så sammenlignes mot en stor mengde ustrukturerte data for å finne relevante treff. Dette kalles informasjonshenting (engelsk *Information Retrieval*), og omfatter søk og rangering av relevante dokumenter. For å lage en liste over selskapene trenger systemet også å forstå at en bestemt ordstreng i et dokument er navnet på et selskap, en prosess som kalles navnegjenkjenning.

En enda større utfordring er å forsøke å finne treff på et søk i dokumenter på et annet språk. Ved informasjonssøk på tvers av språk må søkeordet oversettes automatisk til alle potensielle kildespråk, og resultatene må i sin tur oversettes tilbake til brukerens språk.

Siden data i økende grad oppbevares i andre formater enn tekst, trengs en tjeneste for multimedial informasjonsinnhenting som lar oss søke i bilder, lydfiler og videomateriale. Når det gjelder lyd- og videofiler må en talegjenkjenningsmodul konvertere taleinnholdet til tekst (eller fonetiske representasjoner) som så kan gi treff mot et brukersøk.

I Norge utviklet Opera Software den første norske nettleseren og Internettprogramvaren. Opera begynte i 1994 som et forskningsprosjekt i Telenor. Etter et år ble det skilt ut som et uavhengig utviklingsselskap, Opera Software ASA. Enkelte norske selskaper utvikler eller appliserer søkeløsninger (CognIT, Comperio, TextUrgy, Abtrox og Infofinder). FAST utviklet en søkemotor som ble kjøpt opp av Microsoft, og som nå forhandles av Comperio. Utviklingsfokuset til disse selskapene er generelt rettet mot å tilby tilleggsprogrammer og avanserte søkemotorer som utnytter domenerelevant informasjon. IT-industrien i Norge har altså allerede et ganske godt grunnlag når det gjelder nettsøk og informasjonsinnhenting; det største behovet som bedriftene rapporterer om gjelder kvalitetssikrede språkteknologiske komponenter.

4.2.3 Taleteknologi

De grunnleggende taleteknologiene er talegjenkjenning og talesyntese, som kan brukes til å utvikle talebasert interaksjon og dialogsystemer. Taleteknologi brukes for å lage grensesnitt som lar brukerne samhandle gjennom talespråk heller enn å bruke en grafisk skjerm, tastatur og mus. I dag brukes talegrensesnitt til helt og delvis automatiserte telefontjenester som selskaper tilbyr sine kunder, ansatte eller partnere. Talegrensesnitt brukes i stor grad til blant annet banktjenester, distribusjonskjeder, kollektivtransport og i telesektoren. Taleteknologi brukes også til grensesnitt for navigasjonssystemer i biler og til bruk av talespråk som et alternativ til grafiske grensesnitt eller trykkfølsomme skjermer i smarttelefoner. Taleteknologi omfatter fire typer verktøy:

1. Automatisk **talegjenkjenning** (tale-til-tekst) avgjør hvilke ord som faktisk sies i en gitt lydsekvens ytret av en språkbruker.
2. Naturlig språkforståelse analyserer ytringens syntaktiske struktur, og tolker den ut fra systemet som brukes.
3. Dialogstyring avgjør hvilken handling som skal utføres, gitt et bestemt brukerinput og en viss systemfunksjonalitet.
4. **Talesyntese** (tekst-til-tale) omskaper systemets svar til lyder som er forståelige for brukeren.

Automatiske talegjenkjenningssystemer forsøker å gjenkjenne ordene som ytres. Det betyr at utvalget av mulige ytringer må avgrenses til et begrenset sett av nøkkelord, eller at man manuelt lager språkmodeller som dekker et stort omfang av naturlige språkytringer. Ved hjelp av maskinlæringsteknikker kan man også automatisk generere språkmodeller fra **talekorpus**, dvs. store samlinger av tale i lydfiler og teksttranskripsjoner. Å begrense ytringene innebærer vanligvis at brukerne pålegges å bruke grensesnittet på en begrenset måte, hvilket kan svekke brukerens aksept av verktøyet. På den annen side vil det øke kostnadene betraktelig å skape, fininnstille og vedlikeholde rike språkmodeller. Talegrensesnitt som bruker språkmodeller og lar brukeren uttrykke seg mer fleksibelt i begynnelsen – ved hjelp av et spørsmål som: *Hva kan jeg gjøre for deg?* – er generelt automatisert, og gir ofte en bedre opplevelse for brukerne.

Taleteknologi brukes for å lage grensesnitt som lar brukerne samhandle gjennom talespråk heller enn å bruke en grafisk skjerm, tastatur og mus.

Bedrifter bruker ofte forhåndsinnspilt tale, innspilt av profesjonelle, for å generere materialet som skal brukes i talegrensesnitt. For statiske ytringer, hvor formuleringene ikke avhenger av en bestemt situasjon eller personlige brukerdata, kan dette gi en god brukeropplevelse. Men mer dynamisk ytringsinnhold kan preges av unaturlig intonasjonsmønstre, fordi de rett og slett produseres ved å lime ulike lydfiler sammen. Dagens talesyntese

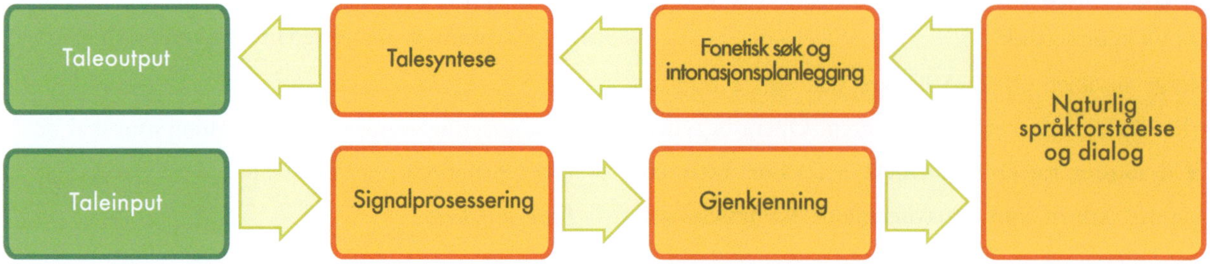

5: Talebasert dialogsystem

er blitt stadig bedre til å produsere dynamiske ytringer som høres naturlige ut, selv om de fremdeles har et forbedringspotensial.

Det siste tiåret har det skjedd en betydelig standardisering av talegrensesnitt når det gjelder de ulike teknologiske komponentene. Det har også vært en sterk markedskonsolidering innen taleteknologi. I G20-landene (de 19 landene i verden med best økonomi samt EU) har kun fem globale aktører dominert markedet, med Nuance (USA) og Loquendo (Italia) som de viktigste i Europa. I 2011 kunngjorde Nuance oppkjøpet av Loquendo, og dette innebar et nytt steg i retning av en sterkere konsolidering av markedet.

For norsk talesyntese finnes tretten norske stemmer; de fleste har blitt utviklet av aktørene vi har nevnt ovenfor. Tre av stemmene er utviklet av den norske bedriften Lingit, som retter seg mot brukere med lese- og skrivevansker. En annen stemme ble utviklet ved Norsk lyd- og blindeskriftbibliotek i samarbeid med søsterbiblioteket i Sverige. Der er også en aktiv forskergruppe ved NTNU i Trondheim.

Språkressurser for talesyntese finnes på engelsk, men bare i liten grad for norsk.

Kvaliteten på talesyntese er sterkt avhengig av tilgjengelige ressurser (spesielt tekstkorpus tagget med informasjon om ordklasse, tokenisatorer og uttaleleksika) og språkspesifikk forskning på for eksempel prosodiske trekk i det aktuelle språket. Det finnes mange slike ressurser på engelsk, men bare i liten grad for norsk. Likevel er behovet ekstra stort for norsk på grunn av det store mangfoldet i mulige stavemåter og dialekter, i tillegg til utfordringer knyttet til tonelag og en manglende én-til-én-relasjon mellom lyder og bokstaver.

Når det gjelder teknologi og kunnskap for dialogstyring er det norske markedet dominert av mindre, norske bedrifter. MediaLT har utviklet en generell talegjenkjenner som brukes til dialogstyring for blinde og svaksynte. Innen tale-til-tekst har Max Manus integrert og tilrettelagt Phillips' SpeechMagic for norske sykehus. Systemet er relativt vellykket, men har et relativt avgrenset bruksområde med et lukket vokabular. Nylig ble Dragon Dictation, en stemmegjenkjenningsapplikasjon for mobiltelefoner, lansert for norsk. Denne applikasjonen er det første *generelle* dikteringssystemet for norsk, men den norske versjonen av Dragon Dictation later til å gi betydelig mer feiltolking enn den engelske versjonen. For taleinteraksjon finnes det ennå ikke et fungerende marked for lingvistiske kjerneteknologier for syntaktisk og semantisk analyse.

I tiden fremover kan man sannsynligvis vente en betydelig utvikling på grunn av økt bruk av smarttelefoner som en ny plattform for å håndtere kunderelasjoner, i tillegg til allerede eksisterende kommunikasjonsmedia som fasttelefoner, Internett og e-post. Dette vil sannsynligvis også påvirke bruken av taleteknologi og dialogsystemer. På sikt vil der sannsynligvis bli færre telefonbaserte talegrensesnitt, og talespråksapplikasjoner vil spille en langt mer sentral rolle som en brukervennlig interasjonsmåte med smarttelefoner. Denne utviklingen vil sannsynligvis primært drives frem gjennom stegvise forbedringer av talegjenkjenningssystemer som ikke er fokusert på én bestemt bruker, via dikteringssystemer som allerede tilbys som sentraliserte tjenester for smarttelefonbrukere.

4.2.4 Maskinoversettelse

Tanken om å bruke datamaskiner til å oversette naturlig språk ble introdusert i 1946, og utløste en omfattende forskningsinnsats på 50-tallet, som så ble gjenopplivet på 80-tallet. Likevel har **maskinoversettelse** (MO) fremdeles ikke levd opp til de tidlige forhåpningene om å kunne tilby generell, automatisert oversettelse.

> Maskinoversettelse er først og fremst vanskelig fordi menneskelig språk er flertydig.

Den mest grunnleggende tilnærmingen til maskinoversettelse er automatisk å erstatte ord i et språk med ord i et annet språk. Dette kan fungere bra for domener hvor ordforrådet er begrenset og standardisert, som for eksempel værmeldinger. Men for å lage gode oversettelser av tekster fra mer generelle domener må man oversette større tekstbiter (ordgrupper, setninger, eller til og med hele avsnitt), og hver tekstbit må stemme overens med tilsvarende del i kildeteksten. Maskinoversettelse er først og fremst vanskelig fordi menneskelig språk er flertydig. Flertydighet gir utfordringer på flere nivåer, blant annet kan man trenge å løse flertydigheter både på ordnivå og på setningsnivå. In en enkel ord-for-ord-oversettelse til engelsk kan setningen *Plutselig røk slangen* derfor gi resultatet *Suddenly smoked the snake.* Verbformen *røk* (preteritum av *ryke*) er flertydig mellom det vi på engelsk ville oversette som henholdsvis *snap* og *smoke*. Ordet *slange* er på sin side flertydig mellom 'vannslange' (engelsk *hose*) og 'reptilslange' (engelsk *snake*). Legg også merke til at en enkel ord-for-ord-oversettelse ikke ville gitt riktig rekkefølge av ordene på engelsk.

I tillegg til leksikalsk flertydighet og forskjeller i ordstilling kommer utfordringer med syntaktiske flertydigheter. På norsk kan man for eksempel topikalisere objektet i en setning, mens mulighetene for å gjøre dette på engelsk er mye mer begrenset. Den norske setningen *Eplene spiste mannen* har to ulike tolkninger: Enten analyseres *eplene* som setningens subjekt (mannen ble spist av eplene), eller som et topikalisert objekt (eplene ble spist av mannen). Siden denne flertydigheten ikke finnes på engelsk, må et maskinoversettelsessystem først finne den korrekte syntaktiske tolkningen for å komme frem til en korrekt oversettelse.

En annen utfordring for maskinoversettelse for norsk er sammensatte ord. Et effektivt oversettelsessystem må kunne identifisere sammensatte ord som ikke står i ordboken, analysere dem, og om nødvendig lage nye sammensatte ord i målspråket.

For oversettelser mellom nært beslektede språk kan en enkel ord-for-ord-oversettelse la seg gjøre. Men maskinoversettelsessystemer kan også bygges ved å bruke lingvistiske regler. Regelbaserte (eller kunnskapsdrevne) systemer analyserer kildeteksten, og lager en mellomstående symbolsk representasjon. På grunnlag av den symbolske representasjonen kan man så generere tekst til målspråket. Kvaliteten på slike metoder avhenger i stor grad av tilgangen til omfattende ordbøker med morfologisk, syntaktisk og semantisk informasjon, i tillegg til store sett med grammatiske regler utviklet av språkforskere. Dette er en veldig omfattende, og derfor dyr, prosess.

På slutten av 80-tallet, da datamaskinkapasiteten økte, økte også interessen for statistiske modeller for ma-

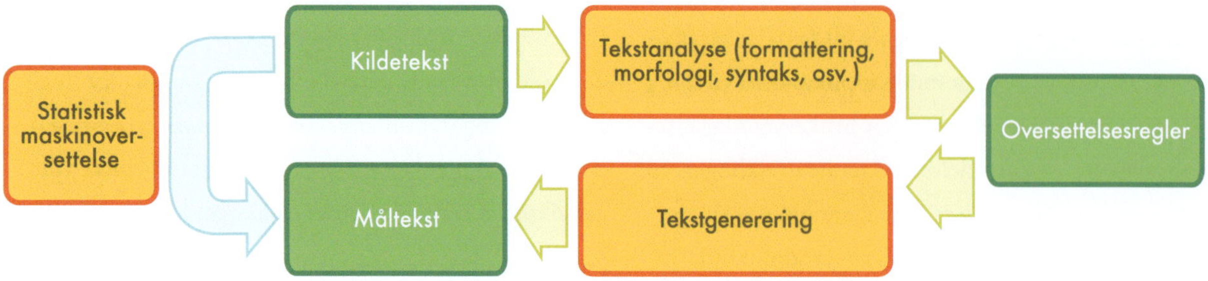

6: Maskinoversettelse (venstre: statistisk; høyre: regelbasert)

skinoversettelse. Statistiske modeller for maskinoversettelse er basert på analyser av tospråklige tekstkorpus, som **parallellkorpuset** Europarl, som består av møtereferater fra Europaparlamentet på 21 europeiske språk (norsk er ikke inkludert). Hvis man har tilgang til tilstrekkelige mengder data, kan statistisk maskinoversettelse fungere godt nok til å utlede den omtrentlige betydningen til en tekst på et annet språk, gjennom å prosessere parallelle versjoner av tekst og dermed finne sannsynlige ordmønstre. Datadrevet maskinoversettelse har sine fordeler, fordi den krever mindre menneskelig innsats, og den kan fange opp særegenheter ved språket (for eksempel idiomatiske uttrykk) som kan bli oversett av kunskapsdrevne systemer. Men i motsetning til kunnskapsdrevne systemer gir statistisk (eller datadrevet) maskinoversettelse ofte ugrammatiske resultater.

Ofte er det altså slik at fordelene og ulempene ved kunnskapsdrevet og datadrevet maskinoversettelse utfyller hverandre. Derfor fokuserer nyere forskning ofte på hybridtilnærminger som kombinerer begge metodene. Én slik tilnærming bruker både kunnskapsdrevne og datadrevne systemer sammen med en selekteringsmodul som avgjør det beste resultatet for hver setning. For setninger lengre enn omtrent tolv ord blir imidlertid resultatene som regel mindre gode. Her kan en bedre løsning være å kombinere de beste delene fra hver setning fra flere ulike kilder. Dette kan være en ganske kompleks oppgave, siden siden det ikke alltid er klart hvilke av flere ulike muligheter som passer sammen. Disse må identifiseres og parallellstilles.

Når det gjelder oversettelse mellom de to norske målformene er behovet for effektive oversettelsesverktøy stort. To selskaper har utviklet systemer for dette; Nynodata og Apertium. Nynodata er en liten bedrift som tilbyr verktøy for oversettelse, korrektur og tekstsøk for bokmål og nynorsk. Apertium er et åpen-kilde-initiativ som også tilbyr automatisert oversettelse mellom de to målformene, implementert av en student ved Universitetet i Bergen.

Selv om det er et klart behov for maskinoversettelse for norsk, er utviklingen av slik programvare for norsk ennå ikke omfattende.

Når det gjelder oversettelse mellom norsk og ulike fremmedspråk har Google Translate en norsk modul for oversettelse mellom engelsk og norsk; via engelsk er det mulig å oversette mellom norsk og ethvert språkpar som inneholder engelsk. GramTrans er en maskinoversettelsesplattform som er utviklet av det danske GrammarSoft ApS og den norske bedriften Kaldera Språkteknologi AS. Denne oversettelsesmotoren tilbyr en tjeneste for gratis, nettbasert oversettelse for de skandinaviske språkene og mellom norsk og engelsk. Programmet er basert på en robust grammatikkanalyse, en transferkomponent som behandler overgangen fra et språk til et annet med hensyn til leksikon og grammatikk, og til slutt en komponent som genererer oversatt tekst på målspråket. Selskapet Clue Norge spesialiserer seg på elektroniske ordbøker for næringslivet, og utviklet for omtrent ti år siden systemet Textran for maskinoversettelse fra engelsk til norsk. Systemet eksisterer fortsatt, men har ikke blitt videreutviklet fordi jevnt pålitelige maskinoversettelser av høy kvalitet er meget vanskelig å oppnå, mens brukergruppene ikke ønsket å betale for et system som gjorde feil. Selv om det foregår en betydelig forskningsinnsats på dette området, både nasjonalt og internasjonalt, har datadrevne og hybride systemer så langt vært mindre vellykket i applikasjoner for næringslivet enn i forskningslaboratoriet. I Norge finnes den viktigste forskningsekspertisen ved Universitetet i Oslo og Universitetet i Bergen.

Språktjenesteindustrien i Norge later til å ha et underforbruk av språkteknologiske ressurser.

Bruk av maskinoversettelse kan øke produktiviteten betydelig, forutsatt at systemet er tilpasset brukerspesifikk terminologi og er godt integrert i arbeidsflyten på en arbeidsplass. Generelt later imidlertid språktjenesteindustrien i Norge til å ha et underforbruk av språkteknologiske ressurser. Sektoren kan deles i to grupper: på den ene siden har man frilansoversettere og oversetterbyråer som retter seg mot enkeltpersoner, næringslivet og offentlig sektor; på den andre siden har man oversettere som er tilknyttet Oversetterforeningen og Norsk faglitterær forfatter- og oversetterforening.
I den siste gruppen framstår bruken av språkteknologi som begrenset. Den førstnevnte gruppen bruker ofte Trados, som er det klart mest brukte oversettelsesverktøyet for profesjonelle oversettere. Trados har imidlertid ingen egen modul for norsk, men støtter seg i stedet på Hunspell, en åpen-kilde-løsning med stavekontroll og et morfologisk analyseverktøy som opprinnelig ble utviklet for ungarsk. Selv om det er en funksjonell og åpen løsning, trenger den ytterligere utvikling for å fungere som en optimal ressurs for språktjenestesektoren i Norge. Særlig stort er behovet for å forbedre analysen av sammensatte ord på norsk. I tillegg bruker profesjonelle oversettere termbaser (DU, IATE), og til en viss grad er der et samarbeid med universitetssektoren i utviklingen av termbaser. Det tilsynelatende underforbruket av språkteknologiske ressurser i språktjenesteindustrien skyldes delvis mangelen på gode ressurser for norsk, men også manglende kontakt mellom språktjenesteleverandører og forskermiljøene. Derfor kan kunnskap om det fulle potensialet for språkteknologi blir for begrenset, og det kan være vanskelig for kommersielle aktører å vurdere kvaliteten på eksisterende ressurser.

Kvaliteten på maskinoversettelsessystemer har fremdeles et stort forbedringspotensial. Blant utfordringene er å tilpasse språkressurser til et gitt emne eller brukerområde, og å integrere teknologien i en arbeidsflyt som allerede inneholder termbaser og oversettelsesminne. I tillegg er de fleste systemene som er i bruk rettet mot engelsk, og støtter bare sjelden oversettelse til og fra norsk. Dette gir forstyrrelser i prosessen med å få tekst oversatt, og tvinger maskinoversettelsesbrukere til å lære seg ulike kodingsverktøy for forskjellige systemer.

Gjennom evalueringskampanjer sammenlignes kvaliteten på ulike maskinoversettelsessystemer og tilnærminger og ikke minst hva som er status for systemene for ulike språkpar. Prosjektet EuroMatrix+ gjennomførte en studie av kvaliteten på maskinoversettelsessystemer for 22 offisielle EU-språk. Norsk var ikke inkludert i dette prosjektet. Figur 7 (s. 26), som ble laget gjennom prosjektet EuroMatrix+, viser en parvis sammenligning av resultatene for 22 av de 23 EU-språkene (irsk var ikke med i sammenligningen). Resultatene er rangert med bruk av BLEU-poenggivning, som gir høyere poeng for bedre oversettelser [27]. En menneskelig oversetter ville vanligvis oppnå rundt 80 poeng. De beste re-

	Målspråk – Target language																					
	EN	BG	DE	CS	DA	EL	ES	ET	FI	FR	HU	IT	LT	LV	MT	NL	PL	PT	RO	SK	SL	SV
EN	–	40.5	46.8	52.6	50.0	41.0	55.2	34.8	38.6	50.1	37.2	50.4	39.6	43.4	39.8	52.3	49.2	55.0	49.0	44.7	50.7	52.0
BG	61.3	–	38.7	39.4	39.6	34.5	46.9	25.5	26.7	42.4	22.0	43.5	29.3	29.1	25.9	44.9	35.1	45.9	36.8	34.1	34.1	39.9
DE	53.6	26.3	–	35.4	43.1	32.8	47.1	26.7	29.5	39.4	27.6	42.7	27.6	30.3	19.8	50.2	30.2	44.1	30.7	29.4	31.4	41.2
CS	58.4	32.0	42.6	–	43.6	34.6	48.9	30.7	30.5	41.6	27.4	44.3	34.5	35.8	26.3	46.5	39.2	45.7	36.5	43.6	41.3	42.9
DA	57.6	28.7	44.1	35.7	–	34.3	47.5	27.8	31.6	41.3	24.2	43.8	29.7	32.9	21.1	48.5	34.3	45.4	33.9	33.0	36.2	47.2
EL	59.5	32.4	43.1	37.7	44.5	–	54.0	26.5	29.0	48.3	23.7	49.6	29.0	32.6	23.8	48.9	34.2	52.5	37.2	33.1	36.3	43.3
ES	60.0	31.1	42.7	37.5	44.4	39.4	–	25.4	28.5	51.3	24.0	51.7	26.8	30.5	24.6	48.8	33.9	57.3	38.1	31.7	33.9	43.7
ET	52.0	24.6	37.3	35.2	37.8	28.2	40.4	–	37.7	33.4	30.9	37.0	35.0	36.9	20.5	41.3	32.0	37.8	28.0	30.6	32.9	37.3
FI	49.3	23.2	36.0	32.0	37.9	27.2	39.7	34.9	–	29.5	27.2	36.6	30.5	32.5	19.4	40.6	28.8	37.5	26.5	27.3	28.2	37.6
FR	64.0	34.5	45.1	39.5	47.4	42.8	60.9	26.7	30.0	–	25.5	56.1	28.3	31.9	25.3	51.6	35.7	61.0	43.8	33.1	35.6	45.8
HU	48.0	24.7	34.3	30.0	33.0	25.5	34.1	29.6	29.4	30.7	–	33.5	29.6	31.9	18.1	36.1	29.8	34.2	25.7	25.6	28.2	30.5
IT	61.0	32.1	44.3	38.9	45.8	40.6	26.9	25.0	29.7	52.7	24.2	–	29.4	32.6	24.6	50.5	35.2	56.5	39.3	32.5	34.7	44.3
LT	51.8	27.6	33.9	37.0	36.8	26.5	21.1	34.2	32.0	34.4	28.5	36.8	–	40.1	22.2	38.1	31.6	31.6	29.3	31.8	35.3	35.3
LV	54.0	29.1	35.0	37.8	38.5	29.7	8.0	34.2	32.4	35.6	29.3	38.9	38.4	–	23.3	41.5	34.4	39.6	31.0	33.3	37.1	38.0
MT	72.1	32.2	37.2	37.9	38.9	33.7	48.7	26.9	25.8	42.4	22.4	43.7	30.2	33.2	–	44.0	37.1	45.9	38.9	35.8	40.0	41.6
NL	56.9	29.3	46.9	37.0	45.4	35.3	49.7	27.5	29.8	43.4	25.3	44.5	28.6	31.7	22.0	–	32.0	47.7	33.0	30.1	34.6	43.6
PL	60.8	31.5	40.2	44.2	42.1	34.2	46.2	29.2	29.0	40.0	24.5	43.2	33.2	35.6	27.9	44.8	–	44.1	38.2	38.2	39.8	42.1
PT	60.7	31.4	42.9	38.4	42.8	40.2	60.7	26.4	29.2	53.2	23.8	52.8	28.0	31.5	24.8	49.3	34.5	–	39.4	32.1	34.4	43.9
RO	60.8	33.1	38.5	37.8	40.3	35.6	50.4	24.6	26.2	46.5	25.0	44.8	28.4	29.9	28.7	43.0	35.8	48.5	–	31.5	35.1	39.4
SK	60.8	32.6	39.4	48.1	41.0	33.3	46.2	29.8	28.4	39.4	27.4	41.8	33.8	36.7	28.5	44.4	39.0	43.3	35.3	–	42.6	41.8
SL	61.0	33.1	37.9	43.5	42.6	34.0	47.0	31.1	28.8	38.2	25.7	42.3	34.6	37.3	30.0	45.9	38.2	44.1	35.8	38.9	–	42.7
SV	58.5	26.9	41.0	35.6	46.6	33.3	46.6	27.4	30.9	38.9	22.7	42.0	28.2	31.0	23.7	45.6	32.2	44.2	32.7	31.3	33.5	–

7: Maskinoversettelse mellom 22 EU-språk – Machine translation between 22 EU-languages [26]

sultatene (i grønt og blått) finnes blant de språk som nyter godt av en omfattende forskningsinnsats innen koordinerte forskningsprogram og som har mange parallellkorpus (f.eks. engelsk, fransk, nederlandsk, spansk og tysk). Språkene med lavere poengsum er vist i rødt. Disse språkene mangler enten fullstendig en velutviklet forskningsinnsats eller så skiller de seg strukturelt veldig fra andre språk (f.eks. ungarsk, maltisk, finsk).

4.3 ANDRE BRUKSOMRÅDER

Oppbyggingen av språkteknologiske verktøy omfatter en rekke underoppgaver som ikke alltid er synlige på overflaten, der kommunikasjonen med brukeren skjer. Slike underliggende programmer har likevel viktige funksjoner i systemet. Hver av oppgavene utgjør viktige forskningsfelt, som har utviklet seg til enkeltdisipliner innenfor datalingvistikk. Såkalte dialogsystemer som besvarer spørsmål (engelsk *Question Answering*) er for eksempel et aktivt forskningsområde, hvor man har utviklet korpora kodet med setningsstruktur, og hvor vitenskapelige evalueringskonkurranser har vært initiert. Feltet omfatter mer enn bare søk på nøkkelord (hvor søkemotoren svarer med en samling potensielt relevante dokumenter); det lar brukere stille et konkret spørsmål, som systemet så gir ett eneste svar på. For eksempel:

Spørsmål: Hvor gammel var Neil Armstrong da han gikk på månen?

Svar: 38.

Mens slike dialogsystemer åpenbart er relatert til nettsøk, brukes det i dag som et overordnet begrep for forskningsspørsmål som hvilke typer spørsmål som finnes, hvordan man skal behandle dem, hvordan man kan analysere og sammenlikne sett av dokumenter som potensielt inneholder svaret (gir dokumentene for eksempel motstridende svar?), og hvordan relevant informasjon kan ekstraheres fra et dokument med minimal grad av feil, og uten å se bort fra kontekst.

Dette er i sin tur knyttet til informasjonsekstrahering (engelsk *Information Extraction*), et område som ble svært populært og innflytelsesrikt da datalingvistikken fikk en mer statistisk orientering tidlig på 90-tallet. Informasjonsekstrahering har som mål å finne bestemte biter av informasjon i visse dokumentsett, for eksempel å identifisere de viktigste aktørene i avisartikler som handler om overtakelse av bedrifter. Et annet scenario som kan studeres er terrorhandlinger. Problemstillingen er da å sortere informasjon i teksten i henhold til en forhåndsdefinert mal som spesifiserer kriterier som gjerningsmann, mål, tid, sted og utfall av hendelsen. Informasjonsekstrahering består grunnleggende sett i å fylle ut en mal med domenespesifikk og relevant informasjon, hvilket gjør informasjonsekstrahering til nok et eksempel på en undeliggende teknologi som på den ene siden utgjør et selvstendig forskningsfelt, og som på den andre siden skal kunne integreres i større brukerapplikasjoner for praktisk bruk.

Sammendrag og **tekstgenerering** er tilgrensende områder som kan brukes som selvstendige applikasjoner eller som underliggende støtteteknologi. Sammendrag har som mål å gjengi de viktigste punktene i en lengre tekst, og finnes blant annet i Microsoft Word. Oftest brukes en statistisk tilnærming for å identifisere de 'viktige' ordene i en tekst (dvs. ord som opptrer hyppig i den aktuelle teksten, men mer sjeldent i allmennspråket) og for å finne de setningene som har høyest forekomst av disse 'viktige' ordene. De aktuelle setningene blir så trukket ut og satt sammen for å lage et sammendrag.

I en slik modell, som er svært utbredt i kommersiell bruk, er sammendrag rett og slett en form for ekstrahering av setninger, og teksten reduseres til et subsett av sine setninger. En annen mulighet er å generere helt nye setninger som ikke allerede finnes i kildeteksten, og en del forskning utføres på dette feltet.

Forskning på de fleste typer tekstteknologi er langt mindre utviklet for norsk enn for engelsk.

Å generere nye setninger som oppsummerer originaltekst krever en dypere forståelse av teksten, og denne tilnærmingen er derfor så langt betydelig mindre robust. Generelt brukes en tekstgenerator sjelden som en selvstendig applikasjon, men blir i stedet integrert i et større programvaremiljø, som for eksempel et informasjonssystem om kliniske data som samler, lagrer og prosesserer pasientopplysninger. Rapportgenerering er bare et av mange potensielle bruksområder for sammendrag. I USA har det siden 90-tallet vært flere åpne konkurranser i besvarelse av spørsmål eller dialogsystemer, informasjonsekstrahering og sammendrag, som først og fremst har vært arrangert av de offentlig støttede organisasjonene DARPA og NIST. Disse konkurransene har bidratt til en betydelig forbedring av teknologien, men hovedfokus har altså vært på engelsk. Det finnes nesten ikke annoterte korpus eller andre spesialressurser for å utføre slike oppgaver på norsk. Når systemer for automatisk sammendrag utelukkende bruker statistiske metoder, er de i høy grad språkuavhengige, og det finnes mange tilgjengelige forskningsprototyper. For tekstgenerering har gjenbrukbare komponenter stort sett vært begrenset til moduler for produksjon av overflatestrukturen, og det meste av tilgjengelig programvare er for engelsk.

4.4 UTDANNINGSPROGRAMMER

Språkteknologi er et interdisiplinært fagfelt som samler ekspertise fra bl.a. språkforskning, informatikk, matematikk, filosofi, psykolingvistikk og nevrovitenskap.

Derfor har ikke språkteknologi fått etablert en klart definert, selvstendig plass i det norske universitetssystemet.

Språkteknologi har ikke en klart definert, selvstendig plass i det norske universitetssystemet.

I Norge finnes den språkvitenskapelige ekspertisen i mindre forskergrupper ved ulike institusjoner som samarbeider på prosjektbasis (Universitetene i Oslo, Bergen og Tromsø, NTNU, NHH og forskningsinstitusjonene Uni Research og Sintef). Ingen av universitetetene har egne institutter eller sentre for datalingvistikk. Undervisning i datalingvistikk foregår enten ved institutter for informatikk (Universitetet i Oslo og NTNU) eller lingvistikk (Universitetene i Bergen og Tromsø). Forskning og undervisning i taleprosessering foregår kun ved NTNU. Selv om det er vanskelig å kvantifisere en slik påstand, kan man nok med rimelighet hevde at datalingvistikk og språkteknologi, så vel som mulighetene for å studere dette i Norge, ikke er særlig godt kjent i Norge. Et viktig mål for KUNSTI-programmet var å styrke grunnforskning og kompetansen innenfor de språkteknologiske fagfeltene. KUNSTI bidro til flere masteroppgaver og doktoravhandlinger innenfor en rekke forskningsprosjekter. Forskningsprogrammet spilte dermed en viktig rolle for å skaffe norsk språkteknologi nye forskere og økt kompetanse.
Universitetet i Bergen koordinerer CLARA, et nettverk for forskerutdanning innen SRT ved ni europeiske institusjoner.

4.5 NASJONALE PROSJEKTER OG INITIATIVER

Siden norsk språkteknologisk industri er relativt liten i internasjonal sammenheng, har norske forskningsinstitusjoner spilt en sentral rolle i utviklingen av norske ressurser og verktøy for språkteknologi, noe som også har kommet private bedrifter til nytte. De fleste norske selskaper som trenger språkteknologi uttrykker et ønske om å kunne nyttiggjøre seg ressurser, kunnskap og ekspertise fra akademia, fordi deres egen ekspertise vanligvis ikke ligger innenfor språkteknologi.
Norges forskningsråd har så langt støttet ett betydelig språkteknologisk forskningsprogram, nemlig KUNSTI (Kunnskapsutvikling for norsk språkteknologi). Dette programmet var delvis inspirert av større prosjekter i andre land (for eksempel det tyske prosjektet Verbmobil), og hadde som mål å øke kompetansen om språkteknologi gjennom grunnforskning. KUNSTI skulle gjøre skriftlig og muntlig norsk (og til en viss grad samisk) tilgjengelig for databehandling gjennom forskning og utvikling. Tjue forskningsprosjekter av ulike størrelser ble gjennomført i løpet av programperioden; de to største var innen maskinoversettelse og taleteknologi.

Språkbanken er en av de viktigste språkpolitiske satsningene vi har hatt i Norge i nyere tid.

Å bygge opp et mangfold av språkteknologiske applikasjoner forutsetter tilgang på grunnleggende ressurser, som ordlister, tekstkorpus og talekorpus. Slike ressurser er like dyre og tidkrevende å utvikle for små språk som for store; siden norsk har to offisielle målformer blir kostnadene enda høyere. Derfor er ikke norsk så interessant fra et kommersielt ståsted. Derfor var det et viktig språkpolitisk tiltak at Språkbanken ble opprettet i 2010, etter tjue år med felles innsats fra Språkrådet, Norges forskningsråd, næringslivet og norske forskningsinstitusjoner. Språkbanken ved Nasjonalbiblioteket skal fungere som en infrastruktur for tilgjengeliggjøring av norsk språkteknologi både for forskning og kommersiell utvikling, noe som forhåpentligvis vil senke terskelen for å utvikle nye språkteknologiske produkter for norsk.

Så langt har private selskaper typisk sammenstilt ulike ressurser og verktøy til intern bruk, mens de fleste omfattende (og tilgjengelige) ressurser og verktøy (for eksempel leksika, taggere og navnegjenkjennere) er utviklet ved forskningsinstitusjonene. På et senere tidspunkt har disse ressursene i noen tilfeller blitt kjøpt av private bedrifter. Faktisk inneholder tabellen over verktøy og ressurser i slutten av denne rapporten hovedsaklig ressurser som er utviklet gjennom forskning. For eksempel har Universitetet i Oslo utviklet talekorpuset Nota-Oslo (Norsk Talespråkskorpus, Oslo-delen) og Nordisk dialektkorpus, Norsk ordbank er utviklet og eies av Universitetet i Oslo og Norsk språkråd, Oslo-Bergen-taggeren er laget av Universitetet i Oslo og Uni Research i Bergen, Norsk aviskorpus er utviklet av Uni Research og NHH, og trebanken INESS er for tiden under oppbygging ved Universitetet i Bergen.

Utvikling av grunnleggende tekst- og taledata var ikke en del av KUNSTIs arbeidsprogram, ettersom dette skulle være Språkbankens oppgave. Mangelen på grunnleggende språkressurser framsto dermed som en hemsko for KUNSTI. Nå som Språkbanken er etablert, og med nye forskere og oppdatert kompetanse på plass, mener mange at tiden er moden for en ny satsing på språkteknologisk forskning som kan få et mer applikasjonsorientert fokus enn KUNSTI-satsningen.

Etter KUNSTI har større språkteknologiske forskningsprosjekter (f.eks. INESS, Nota-Oslo, Norsk aviskorpus, WeSearch-Språkteknologi for Internett og SIRKUS) blitt finansiert enten gjennom infrastrukturprogrammene (AVIT) eller Forskningsrådets generelle IKT-programmer, som VERDIKT. På tross av disse investeringene er likevel støtten til språkteknologiske prosjekter i Norge relativt lavt i forhold til det som brukes i for eksempel USA på oversettelse og flerspråklig informasjonstilgang [28].

Som en oppsummering har dette delkapittelet vist at tidligere forskningsprogrammer har ført til en utvikling av en rekke språkteknologiske verktøy og ressurser for norsk språk. I neste delkapittel oppsummerer vi situasjonen for språkteknologisk støtte for norsk språk.

4.6 SITUASJONEN FOR SPRÅKTEKNOLOGISK STØTTE FOR NORSK SPRÅK

Figur 8 oppsummerer situasjonen for språkteknologisk støtte for norsk språk gjennom tallmessige verdivurderinger av eksisterende verktøy og ressurser. Vurderingene er gjort av ledende norske eksperter på feltet, som har satt tallverdier for syv ulike kriterier (f. eks. tilgjengelighet), på en skala fra 0 (svært lav) til 6 (svært høy). De viktigste resultatene for norsk kan oppsummeres som følger:

- Situasjonen for norsk er relativt god når det gjelder de mest grunnleggende språkteknologiske verktøyene og ressursene, som taggere, morfologisk analyse, referansekorpus og talekorpus. Det finnes også mange talesynteseprodukter for norsk som er generelt anvendelige og som har en akseptabel kvalitet, selv om de fleste av dem er utviklet av kommersielle aktører, og dermed har begrenset tilgjengelighet. Der finnes flere leksikalske ressurser som dekker allmennspråket, men der er betydelige mangler når det gjelder terminologi for spesialiserte domener.
- Det finnes også ressurser og verktøy med begrenset funksjonalitet innen felt som talegjenkjenning, maskinoversettelse og teksttolkning. Noen av disse områdene dekkes imidlertid hovedsaklig av kommersielle aktører, og har dermed begrenset tilgjengelighet.
- For noen typer verktøy og ressurser finnes nesten ingen ressurser, mens andre ressurser er utviklet for kommersielle formål og er ikke allment tilgjengelige. Dette gjelder for eksempel verktøy og ressurser for mer avansert språkteknologi for norsk, som avan-

	Kvantitet	Tilgjengelighet	Kvalitet	Dekningsgrad	Modenhet	Bærekraftighet	Tilpasningsdyktighet
Språkteknologi (verktøy, teknologier og applikasjoner)							
Talegjenkjenning	4	2	2	1	2	3	3
Talesyntese	3	2	3	2	3	3	3
Grammatisk analyse	4	4,5	4	4	4,5	4,5	5
Semantisk analyse	2	2	3,3	3	3,7	3,3	3,7
Tekstgenerering	1	4	4	3	5	4	5
Maskinoversettelse	4	4	2	2	3	5	3
Språkressurser (ressurs-, data- og kunnskapsbaser)							
Tekstkorpus	4,5	3,5	3,5	3	4	4,5	4
Talekorpus	5	4	3	5	4	5	5
Parallellkorpus	5	3	2	2	4	3	3
Leksikalske ressurser	2,5	2	2	2	2	2	2,5
Grammatikker	2	4	5	3	4	5	3

8: Status for SRT for norsk

sert diskursprosessering, tekstgenerering og ontologier som representerer verdenskunnskap.

- Mange verktøy og ressurser mangler standardisering, det vil si at selv om de eksisterer, er de ikke nødvendigvis i standardformater som sikrer at de er, og forblir, brukbare og enkle å tilpasse nye bruksområder. Selv om tabellen viser at grunnleggende verktøy og ressurser finnes for norsk, er de i noen tilfeller fragmenterte, og nytteverdien er begrenset av restriksjoner på bruk, inkompatibilitet med andre systemer og manglende dokumentasjon.

Kort oppsummert har vi i dag tilgjengelige ressurser og verktøy med begrenset funksjonalitet på en rekke felt for norsk språkteknologi. Det er åpenbart nødvendig med en ytterligere satsning for å rette opp de nåværende mangler med hensyn til dypere semantisk prosessering av språk og for å produsere flere ressurser, som parallelle korpus for maskinoversettelse.

4.7 SAMMENLIGNING PÅ TVERS AV SPRÅK

Situasjonen for språkteknologi varierer betydelig fra språk til språk. For å sammenligne situasjonen for ulike språk presenteres i dette delkapittelet en vurdering basert på to utvalgte applikasjonsområder (maskinoversettelse og taleprosessering), en underliggende teknologi (tekstanalyse), og grunnleggende ressurser som trengs for å bygge språkteknologiske applikasjoner. Språkene ble delt inn på en skala med fem kategorier:

1. Fremragende støtte
2. God støtte
3. Middels god støtte
4. Fragmentarisk støtte
5. Lav eller ingen støtte

Den språkteknologiske støtten ble målt ut fra følgende kriterier:

Taleprosessering: Kvaliteten til eksisterende talegjenkjenning, kvaliteten til eksisterende talesyntese, dekning av ulike domener, antallet og omfanget av eksisterende talekorpus, antallet og spredningen av tilgjengelige talebaserte anvendelser.

Maskinoversettelse: Kvaliteten til eksisterende oversettelseteknologier, antallet språkpar, dekningen for språklige konstruksjoner og domener, kvaliteten til, og omfanget av, tilgjengelige systemer.

Tekstanalyse: Kvaliteten til, og dekningsgraden av, eksisterende teknologier for tekstanalyse (morfologisk, syntaktisk, semantisk), dekningen av språklige konstruksjoner og domener, antallet og omfanget av eksisterende (annoterte) korpus, kvaliteten og dekningsgraden for eksisterende leksikalske ressurser (f. eks. ordnett) og grammatikker.

Ressurser: Kvaliteten og omfanget av eksisterende tekstkorpus, talekorpus og parallelle korpus, kvaliteten og dekningsgraden for eksisterende leksikalske ressurser og grammatikker.

Undersøkelsen vår viser tydelig at språkteknologiske ressurser og verktøy for norsk ennå ikke har samme kvalitet og dekningsgrad som sammenlignbare ressurser og verktøy for engelsk.

Figurene 9 til 12 viser tydelig at språkteknologiske ressurser og verktøy for norsk ennå ikke har samme kvalitet og dekningsgrad som sammenlignbare ressurser og verktøy for engelsk. Men selv for dette språket som ligger på toppen, er det fortsatt mangler når det gjelder høykvalitetsapplikasjoner. Den norske situasjonen stemmer godt med nabolandene, selv om tallene ikke gjenspeiler forskjellene som finnes mellom bokmål og nynorsk.

Flere norsktalende stemmer for talesyntese er tilgjengelige i ulike sluttbrukerapplikasjoner, men de vanlige operativsystemene tilbyr ikke norsk talesyntese som kan brukes av utviklere. For talegjenkjenning er det liten støtte for norsk, og det finnes ingen generell talegjenkjenner, med et mulig unntak av Dragon Dictation, en ny mobilapplikasjon som ikke var tilgjengelig i tide til å bli vurdert i denne rapporten. Det finnes ett spesialisert dikteringsverktøy for helsevesenet med varierende kvalitet.

For maskinoversettelse mellom norsk bokmål og nynorsk finnes det ett toveis, fritt tilgjengelig program og ett enveis, kommersielt program. For maskinoversettelse mellom norsk og andre språk finnes det ett gratis, fritt tilgjengelig program og ett kommersielt program. Begge har varierende kvalitet og ytelse. Komponenter for tekstanalyse dekker det norske språket til en viss grad, og inngår i flere anvendelser som typisk gjennomfører en nokså overfladisk språkanalyse, f. eks. generelle stavekontroller eller skrivestøtte for dyslektikere.

Med hensyn til ressurser har vi allerede tidligere pekt på mangler. For å bygge mer avanserte programmer, for eksempel maskinoversettelse, er det et tydelig behov for ressurser og verktøy som dekker et bredere utvalg av språklige fenomener samt utfører en dypere semantisk analyse. Bedre kvalitet og dekningsgrad vil kunne takle et bredt spekter av avanserte bruksområder, blant annet generell maskinoversettelse av høy kvalitet.

4.8 OPPSUMMERING

Denne hvitbokserien er ment som et viktig innledende tiltak for å vurdere situasjonen for språkteknologi for 30 europeiske språk, og å gi en overordnet sammenlikning på tvers av språkene. Gjennom denne analysen av mangler og behov er det europeiske språkteknologimiljøet og andre interesserte nå i stand til å utvikle et forsknings-og utviklingsprogram i stor skala, hvor målet er å bygge et virkelig flerspråklig Europa basert på moderne språkteknologi.

Vi har sett at det er store forskjeller fra språk til språk. Mens det finnes programvare og ressurser av høy kvalitet for noen språk og noen bruksområder, er det betydelige mangler for andre (vanligvis 'mindre') språk og for andre anvendelser. Mange språk mangler grunnleggende verktøy for tekstanalyse og grunnlagsressursene som trengs for å utvikle dem. Andre språk har grunnleggende verktøy og ressurser, men er ennå ikke i stand til å investere i utviklingen av semantisk prosessering og analyse. Vi trenger derfor en storstilt innsats om vi skal nå målet om å kunne tilby teknologistøtte av høy kvalitet til alle de europeiske språkene, f. eks. maskinoversettelse av god kvalitet.

Når det gjelder norsk har vi sett at det ikke er enkelt å overføre teknologi som er utviklet og optimalisert for det engelske språket. Det koster like mye å utvikle språkressurser for et lite språk som for et større språk. Det er derfor viktig med en stabil og forutsigbar offentlig støtte til FoU for norsk språkteknologi, ikke minst siden norsk har to målformer. Vi har ennå ikke nådd det investeringsnivået som trengs. For øyeblikket er den delen av språkteknologibransjen i Norge som driver med teknologioverføring og kommersialisering ganske fragmentert. Aktørene er stort sett spesialiserte, små og mellomstore bedrifter som ikke er robuste nok til å overleve og vokse på det nasjonale og det internasjonale markedet.

Mer spesifikt kan de mest presserende behovene for norsk språkteknologi oppsummeres slik:

1. Bedre lisensieringsvilkår og standardisering av eksisterende basisressurser og -verktøy for å gjøre disse åpent tilgjengelig for forskning og utvikling.
2. Utvikling av manglede basisressurser og -verktøy, blant annet flerspråklige ressurser og verktøy med norsk som kilde- eller målspråk, i standardformater og med åpne lisenser.
3. Grunnforskning på avanserte automatiske språklige analyser for norsk og på integrering av statistisk og regelbasert språkteknologi, ikke minst for å satse på en tettere integrering av tale- og tekstteknologi.
4. Samordnet formidling og utveksling av forskningsresultater for å bedre synligheten overfor potensielle brukere, og for å trekke nye forskere og studenter til feltet.
5. Langsiktige og forutsigbare finansieringsordninger for å sikre utvikling av språkteknologi, både for de to norske målformene og for minoritetsspråk.

For et lite språksamfunn som norsk, med et lite forskningsmiljø, er samarbeid viktig, ikke bare på nasjonalt nivå men også internasjonalt. Siden 2000 har norske forskere og beslutningstakere deltatt aktivt i ulike nordiske samarbeidsplattformer (for eksempel Nordiske forskningsprogram for språkteknologi 2000–2004). Forhåpentligvis vil Norges deltakelse i CLARIN og META-NORD stimulere til utvikling, standardisering og deling av språteknologiske ressurser og verktøy, og dermed bidra til en vekst i norsk språkteknologi. Denne deltakelsen må følges opp av en bedre generell samhandling med programmer i andre EU-land og med EUs nye rammeprogram for FoU.

META-NETs langsiktige mål er å formidle språkteknologi av høy kvalitet til alle språkene i Europa for å skape politisk og økonomisk samarbeid på tvers av landegrenser og kulturelt mangfold. Denne teknologien kan bidra til å fjerne barrierer og til å bygge broer mellom de europeiske språkene. Dette krever at alle interessenter – i politikk, forskning, næringslivet og samfunnet som helhet – står sammen i en felles innsats for fremtiden.

Fremragende støtte	God støtte	Middels god støtte	Fragmentarisk støtte	Lav eller ingen støtte
	engelsk	finsk fransk italiensk nederlandsk portugisisk spansk tsjekkisk tysk	baskisk bulgarsk dansk estisk galisisk gresk irsk katalansk **norsk** polsk serbisk slovakisk slovensk svensk ungarsk	islandsk kroatisk latvisk litausk maltesisk rumensk

9: Taleprosessering: status for språkteknologistøtte for 30 europeiske språk

Fremragende støtte	God støtte	Middels god støtte	Fragmentarisk støtte	Lav eller ingen støtte
	engelsk	fransk spansk	italiensk katalansk nederlandsk polsk rumensk tysk ungarsk	baskisk bulgarsk dansk estisk finsk galisisk gresk irsk islandsk kroatisk latvisk litausk maltesisk **norsk** portugisisk serbisk slovakisk slovensk svensk tsjekkisk

10: Maskinoversettelse: status for språkteknologistøtte for 30 europeiske språk

Fremragende støtte	God støtte	Middels god støtte	Fragmentarisk støtte	Lav eller ingen støtte
	engelsk	fransk	baskisk	estisk
		italiensk	bulgarsk	irsk
		nederlandsk	dansk	islandsk
		spansk tysk	finsk	kroatisk
			galisisk	latvisk
			gresk	litausk
			katalansk	maltesisk
			norsk	serbisk
			polsk	
			portugisisk	
			rumensk	
			slovakisk	
			slovensk	
			svensk	
			tsjekkisk	
			ungarsk	

11: Tekstanalyse: status for språkteknologistøtte for 30 europeiske språk

Fremragende støtte	God støtte	Middels god støtte	Fragmentarisk støtte	Lav eller ingen støtte
	engelsk	fransk	baskisk	irsk
		italiensk	bulgarsk	islandsk
		nederlandsk	dansk	latvisk
		polsk	estisk	litausk
		spansk	finsk	maltesisk
		svensk	galisisk	
		tsjekkisk	gresk	
		tysk	katalansk	
		ungarsk	kroatisk	
			norsk	
			portugisisk	
			rumensk	
			serbisk	
			slovakisk	
			slovensk	

12: Tale- og tekstressurser: status for språkteknologistøtte for 30 europeiske språk

5

OM META-NET

META-NET er et forskningsnettverk (Network of Excellence) som er delvis finansiert av EU-kommisjonen [29]. Nettverket består nå av 54 forskningssentre fra 33 europeiske land. META-NET bygger META, Multilingual Europe Technology Alliance, en stadig voksende sammenslutning av språkteknologiske FoU-miljø, foretak og interesseorganisasjoner i Europa. META-NET bidrar til å konsolidere og utvikle det teknologiske grunnlaget for et flerspråklig europeisk informasjonssamfunn som:

- muliggjør kommunikasjon og samarbeid på tvers av språkgrenser;
- gir alle språkbrukere lik tilgang til informasjon og kunnskap;
- tilbyr avansert og rimelig nettverksbasert informasjonsteknologi til alle innbyggere i Europa.

META-NET stimulerer og fremmer flerspråklig teknologi for alle de europeiske språkene. Disse verktøyene bidrar til automatisk maskinoversettelse, innholdsproduksjon og kunnskapsstyring, som kan brukes i en rekke applikasjoner og innen ulike bruksområder. Nettverket ønsker å forbedre eksisterende tilnærminger slik at vi kan oppnå bedre kommunikasjon og samarbeid på tvers av språkene. Alle europeere har lik rett til informasjon og kunnskap, uavhengig av språk. META-NET ble opprettet 1. februar 2010, og har som formål å fremme språkteknologisk forskning. Nettverket støtter et Europa som er samlet som et felles, digitalt marked og et felles informasjonsområde. META-NET driver flere aktiviteter som skal bidra til dette målet:

META-VISION samler et dynamisk og toneangivende fellesskap av ulike aktører på grunnlag av en felles visjon og en felles strategisk forskningsagenda. Hovudfokuset for denne aktiviteten er å bygge et helhetlig og samstemt språkteknologisk miljø i Europa, ved å samle representanter frå en lang rekke land. Denne hvitboksserien omfatter 29 andre språk. Den felles teknologivisjonen ble utviklet gjennom tre avgrensede visjonsgrupper. *META Technology Council* ble etablert for å diskutere og forberede en strategisk forskningsagenda, basert på visjonen og i tett samarbeid med det språkteknologiske miljøet.

META-SHARE bygger en åpen, distribuert plattform for utveksling og deling av ressurser. Det er et nettverk av digitale arkiver som skal inneholde språkdata, verktøy og nettbaserte tjenester som er dokumentert med metadata av høy kvalitet og inndelt i standardiserte kategorier. Ressursene skal være lett tilgjengelige og ha et felles søkegrensesnitt. Blant de tilgjengelige ressursene finnes både materiale som er gratis og har åpen kjeldekode, men også materiale som er kommersielt basert og tilgjengelig mot en avgift og med restriksjoner på bruk.

META-RESEARCH bygger broer til tilgrensende teknologiområder. Målet er å dra nytte av utvikling på andre forskningsområder og å utnytte nyskapende forskning som språkteknologien kan få nytte av. Hovedfokuset er å utføre banebrytende forskning innenfor maskinoversettelse; samle inn data; gjøre klar datasett og systematisere språkressurser for evalueringsformål; samle en oversikt over verktøy og metoder, og dessuten å organisere seminar og opplæring for aktører i det språkteknologiske miljøet.

office@meta-net.eu – http://www.meta-net.eu

1

EXECUTIVE SUMMARY

Information technology changes our everyday lives. We typically use computers for writing, editing, calculating and information searching, and increasingly for reading, listening to music, viewing photos and watching movies. We carry small computers in our pockets and use them to make phone calls, write emails, get information and entertain ourselves, wherever we are. How does this massive digitisation of information, knowledge and everyday communication affect our language? Will our language change or even disappear? What are the Norwegian language's chances of survival?

Many of the world's 6,000 languages will not survive in a globalised digital information society. It is estimated that at least 2,000 languages are doomed to extinction in the decades ahead. Others will continue to play a role in families and neighbourhoods, but not in the wider business and academic world. The status of a language depends not only on the number of speakers or books, films and TV stations that use it, but also on the presence of the language in the digital information space and software applications.

In this context, Norwegian is still having growing pains. At the beginning of the 21st century, Norwegian language technology existed on a very small scale. A quite satisfactory translation existed from Bokmål and Nynorsk, there was spell checking, and there was a small question answering system, but people laughed at the poor performance of the first speech recognition applications. An ambitious language industry initiative at Voss failed. There were higher education programmes on language technology and computational linguistics and there was ongoing research in these areas, but there was a shortage of language resources and tools.

Things started to change when the Research Council of Norway took the initiative for a language technology research programme in 2002, with the aim of developing knowledge and tools. This programme resulted in a number of projects which created new competence and laid the groundwork for Norwegian language technology. The largest projects in this programme delivered a text-to-speech system and a demonstrator of quality translation from Norwegian to English.

More recently, a government White Paper from 2008 [2] and its acceptance in Parliament led to the establishment of the *Language Technology Resource Collection for Norwegian – Språkbanken* in 2010. This unit has begun to build up and distribute language data that has long been wanting in R&D. If these efforts are sustained, they will be an invaluable investment in the future of Norwegian.

However, this report reveals that despite considerable achievements in the last decade, the situation is only acceptable with respect to the most basic tools and resources for Norwegian. When it comes to advanced applications, few tools and resources exist for Norwegian. It is clear that we still have a long way to go to ensure the future of Norwegian as a full-fledged player in the modern – and future – European information society.

Information and communication technology are now preparing for the next revolution. After personal computers, networks, miniaturisation, multimedia, mobile devices and cloud-computing, the next generation of technology will feature software that understands not just spoken or written letters and sounds but entire words and sentences, and supports users far better because it speaks, knows and understands their language. Forerunners of such developments are IBM's supercomputer Watson that was able to defeat the US-champion in the game of "Jeopardy", and Apple's mobile assistant Siri for the iPhone that can react to voice commands and answer questions in English, German, French and Japanese. A Norwegian speech dictation system for the iPhone has also become available but it is still less reliable than the English version.

Human users are starting to communicate using the technology in their own language. Devices will be able to automatically find the most important news and information from the world's digital knowledge store in reaction to easy-to-use voice commands. Language-enabled technology will be able to translate automatically or assist interpreters; summarise conversations and documents and to support users in learning scenarios. For example, it may help immigrants to learn the Norwegian language and integrate more fully into our society.

Information and communication technologies will enable industrial and service robots (currently under development in research laboratories) to faithfully understand what their users want them to do and then proudly report on their achievements. This level of performance means going way beyond simple character sets and lexicons, spell checkers and pronunciation rules. The technology must move on from simplistic approaches and start modelling language in an all-encompassing way, taking syntax as well as semantics into account to understand the drift of questions and generate rich and relevant answers.

Not all European languages are equally well prepared for this future. This report presents an evaluation of the status of language technology support for 30 European languages, based on four key areas: machine translation, speech processing, text analysis, as well as basic resources needed for building language technology applications. The languages were grouped into five clusters. Unsurprisingly, Norwegian is in the cluster at the bottom or only one up for all of the tools and resources listed. It lags far behind large languages like German and French, for instance. But even language technology resources and tools for those languages clearly do not yet reach the quality and coverage of comparable resources and tools for the English language, which is in the lead in almost all language technology areas.

In the government White Paper no. 48 [3] it is asserted that language technology will be one of the most crucial areas in the battle to preserve our language. What needs to be done, then, in order to ensure the future of the Norwegian language in the information society? In 2002, an expert group established by the government estimated that it would require an investment of 20 million NOK *per year* during the first five years [4]. Even though Språkbanken is now established, fact remains that the yearly investment so far has been only a small fraction of the estimated required effort. It should therefore come as no surprise that Norwegian language technology is still in its infancy. Five million speakers are too few to sustain costly development of new products. Norwegian IT industries and especially SMEs cannot by themselves take the cost of building up large language resources and tools for Norwegian. Continued public support for Norwegian language technology is necessary in order to guarantee the exploitation of the tools already developed and the knowledge and experience of researchers and companies which has already been accrued.

The Norwegian language is not in imminent danger from the prowess of English language computing. However, the whole situation could change dramatically when a new generation of technologies really starts to master human languages effectively. Through improvements in machine translation, language technology will help in overcoming language barriers, but it will only be able to operate between those languages that have managed to survive in the digital world. If there is adequate language technology available, then it will be able to ensure the survival of languages with relatively small populations of speakers. Consequently, the continued investment in language technology must form an essential part of its language preservation policy.

META-NET's vision is high-quality language technology for all languages that supports political and economic unity through cultural diversity. This technology will help tear down existing barriers and build bridges between Europe's languages. This requires all stakeholders – in politics, research, business, and society – to unite their efforts for the future.

This white paper series complements the other strategic actions taken by META-NET. Up-to-date information such as the current version of the META-NET vision paper [5] or the Strategic Research Agenda (SRA) can be found on the META-NET web site: http://www.meta-net.eu.

2

LANGUAGES AT RISK: A CHALLENGE FOR LANGUAGE TECHNOLOGY

We are witnesses to a digital revolution that is dramatically impacting communication and society. Recent developments in information and communication technology are sometimes compared to Gutenberg's invention of the printing press. What can this analogy tell us about the future of the European information society and our languages in particular?

> The digital revolution is comparable to Gutenberg's invention of the printing press.

After Gutenberg's invention, real breakthroughs in communication were accomplished by efforts such as Luther's translation of the Bible into vernacular language. In subsequent centuries, cultural techniques have been developed to better handle language processing and knowledge exchange:

- the orthographic and grammatical standardisation of major languages enabled the rapid dissemination of new scientific and intellectual ideas;
- the development of official languages made it possible for citizens to communicate within certain (often political) boundaries;
- the teaching and translation of languages enabled exchanges across languages;
- the creation of editorial and bibliographic guidelines assured the quality of printed material;
- the creation of different media like newspapers, radio, television, books, and other formats satisfied different communication needs.

In the past twenty years, information technology has helped to automate and facilitate many processes:

- desktop publishing software has replaced typewriting and typesetting;
- Microsoft PowerPoint has replaced overhead projector transparencies;
- e-mail allows documents to be sent and received more quickly than using a fax machine;
- Skype offers cheap Internet phone calls and hosts virtual meetings;
- audio and video encoding formats make it easy to exchange multimedia content;
- web search engines provide keyword-based access;
- online services like Google Translate produce quick, approximate translations;
- social media platforms such as Facebook, Twitter and Google+ facilitate communication, collaboration, and information sharing.

Although these tools and applications are helpful, they are not yet capable of supporting a fully-sustainable, multilingual European society in which information and goods can flow freely.

2.1 LANGUAGE BORDERS HOLD BACK THE EUROPEAN INFORMATION SOCIETY

We cannot predict exactly what the future information society will look like. However, there is a strong likelihood that the revolution in communication technology is bringing together people who speak different languages in new ways. This is putting pressure both on individuals to learn new languages and especially on developers to create new technology applications to ensure mutual understanding and access to shareable knowledge. In the global economic and information space, there is increasing interaction between different languages, speakers and content thanks to new types of media. The current popularity of social media (Wikipedia, Facebook, Twitter, YouTube, and, recently, Google+) shows only the tip of the iceberg.

> The global economy and information space confronts us with different languages, speakers and content.

Today, we can transmit gigabytes of text around the world in a few seconds before we recognise that it is in a language that we do not understand. According to a recent report from the European Commission, 57% of Internet users in Europe purchase goods and services in non-native languages; English is the most common foreign language followed by French, German and Spanish. 55% of users read content in a foreign language while 35% use another language to write e-mails or post comments on the Web [6]. A few years ago, English might have been the lingua franca of the Web – the vast majority of content on the Web was in English – but the situation has now drastically changed. The amount of online content in other European (as well as Asian and Middle Eastern) languages has exploded.

Surprisingly, this ubiquitous digital linguistic divide has not gained much public attention; yet, it raises a very pressing question: Which European languages will thrive in the networked information and knowledge society, and which are doomed to disappear?

2.2 OUR LANGUAGES AT RISK

While the printing press helped step up the exchange of information in Europe, it also led to the extinction of many languages. Regional and minority languages were rarely printed and languages such as Cornish and Dalmatian were limited to oral forms of transmission, which in turn restricted their scope of use. Will the Internet have the same impact on our modern languages?

> The variety of languages in Europe is one of its richest and most important cultural assets.

Europe's approximately 80 languages are one of our richest and most important cultural assets, and a vital part of this unique social model [7]. While languages such as English and Spanish are likely to survive in the emerging digital marketplace, many languages could become irrelevant in a networked society. This would weaken Europe's global standing, and run counter to the goal of ensuring equal participation for every citizen regardless of language. According to a UNESCO report on multilingualism, languages are an essential medium for the enjoyment of fundamental rights, such as political expression, education and participation in society [8].

2.3 LANGUAGE TECHNOLOGY IS A KEY ENABLING TECHNOLOGY

In the past, investments in language preservation focussed primarily on language education and translation. According to one estimate, the European market for translation, interpretation, software localisation and website globalisation was €8.4 billion in 2008 and is expected to grow by 10% per annum [9]. Yet this figure covers just a small proportion of current and future needs in communicating between languages. The most compelling solution for ensuring the breadth and depth of language usage in Europe tomorrow is to use appropriate technology, just as we use technology to solve our transport and energy needs among others.

Language technology targeting all forms of written text and spoken discourse can help people to collaborate, conduct business, share knowledge and participate in social and political debate regardless of language barriers and computer skills. It often operates invisibly inside complex software systems to help us already today to:

- find information with a search engine;
- check spelling and grammar in a word processor;
- view product recommendations in an online shop;
- follow the spoken directions of a navigation system;
- translate web pages via an online service.

Language technology consists of a number of core applications that enable processes within a larger application framework. The purpose of the META-NET language white papers is to focus on how ready these core enabling technologies are for each European language.

Europe needs robust and affordable language technology for all European languages.

To maintain our position in the frontline of global innovation, Europe will need language technology, tailored to all European languages, that is robust and affordable and can be tightly integrated within key software environments. Without language technology, we will not be able to achieve a really effective interactive, multimedia and multilingual user experience in the near future.

2.4 OPPORTUNITIES FOR LANGUAGE TECHNOLOGY

In the world of print, the technology breakthrough was the rapid duplication of an image of a text using a suitably powered printing press. Human beings had to do the hard work of looking up, assessing, translating, and summarising knowledge. We had to wait until Edison to record spoken language – and again his technology simply made analogue copies.

Language technology can now simplify and automate the processes of translation, content production, and knowledge management for all European languages. It can also empower intuitive speech-based interfaces for household electronics, machinery, vehicles, computers and robots. Real-world commercial and industrial applications are still in the early stages of development, yet R&D achievements are creating a genuine window of opportunity. For example, machine translation is already reasonably accurate in specific domains, and experimental applications provide multilingual information and knowledge management, as well as content production, in many European languages.

As with most technologies, the first language applications such as voice-based user interfaces and dialogue systems were developed for specialised domains, and often exhibit limited performance. However, there are huge market opportunities in the education and entertainment industries for integrating language technologies into games, edutainment packages, libraries, simulation environments and training programs. Mobile information services, computer-assisted language learning software, eLearning environments, self-assessment tools and plagiarism detection software are just some of the application areas in which language technology can play an important role. The popularity of social media applications like Twitter and Facebook suggest a need for sophisticated language technologies that can monitor posts, summarise discussions, suggest opinion trends, detect emotional responses, identify copyright infringements or track misuse.

Language technology helps overcome the "disability" of linguistic diversity.

Language technology represents a tremendous opportunity for the European Union. It can help to address the complex issue of multilingualism in Europe – the fact that different languages coexist naturally in European businesses, organisations and schools. However, citizens need to communicate across the language borders of the European Common Market, and language technology can help overcome this final barrier, while supporting the free and open use of individual languages. Looking even further ahead, innovative European multilingual language technology will provide a benchmark for our global partners when they begin to support their own multilingual communities. Language technology can be seen as a form of "assistive" technology that helps overcome the "disability" of linguistic diversity and makes language communities more accessible to each other. Finally, one active field of research is the use of language technology for rescue operations in disaster areas, where performance can be a matter of life and death: Future intelligent robots with cross-lingual language capabilities have the potential to save lives.

2.5 CHALLENGES FACING LANGUAGE TECHNOLOGY

Although language technology has made considerable progress in the last few years, the current pace of technological progress and product innovation is too slow. Widely-used technologies such as the spelling and grammar correctors in word processors are typically monolingual, and are only available for a handful of languages. Online machine translation services, although useful for quickly generating a reasonable approximation of a document's contents, are fraught with difficulties when highly accurate and complete translations are required. Due to the complexity of human language, modelling our tongues in software and testing them in the real world is a long, costly business that requires sustained funding commitments. Europe must therefore maintain its pioneering role in facing the technological challenges of a multiple-language community by inventing new methods to accelerate development right across the map. These could include both computational advances and techniques such as crowdsourcing.

Technological progress needs to be accelerated.

2.6 LANGUAGE ACQUISITION IN HUMANS AND MACHINES

To illustrate how computers handle language and why it is difficult to program them to process different tongues, let's look briefly at the way humans acquire first and second languages, and then see how language technology systems work.

Humans acquire language skills in two different ways. Babies acquire a language by listening to the real interactions between their parents, siblings and other family members. From the age of about two, children produce their first words and short phrases. This is only possible because humans have a genetic disposition to imitate and then rationalise what they hear.

Learning a second language at an older age requires more cognitive effort, largely because the child is not immersed in a language community of native speakers. At school, foreign languages are usually acquired by learning grammatical structure, vocabulary and spelling using drills that describe linguistic knowledge in terms of abstract rules, tables and examples.

Humans acquire language skills in two different ways: learning from examples and learning the underlying language rules.

Moving now to language technology, the two main types of systems acquire language capabilities in a similar manner. Statistical (or data-driven) approaches obtain linguistic knowledge from vast collections of concrete example texts. While it is sufficient to use text in a single language for training, e. g., a spell checker, parallel texts in two (or more) languages have to be available for training a machine translation system. The machine learning algorithm then learns patterns of how words, short phrases and complete sentences are translated.
This statistical approach usually requires millions of sentences to boost performance quality. This is one reason why search engine providers are eager to collect as much written material as possible. Spelling correction in word processors, and services such as Google Search and Google Translate, all rely on statistical approaches. The great advantage of statistics is that the machine learns quickly in a continuous series of training cycles, even though quality can vary randomly.
The second approach to language technology, and to machine translation in particular, is to build rule-based systems. Experts in the fields of linguistics, computational linguistics and computer science first have to encode grammatical analyses (translation rules) and compile vocabulary lists (lexicons). This is very time consuming and labour intensive. Some of the leading rule-based machine translation systems have been under constant development for more than 20 years. The great advantage of rule-based systems is that the experts have more detailed control over the language processing. This makes it possible to systematically correct mistakes in the software and give detailed feedback to the user, especially when rule-based systems are used for language learning. However, due to the high cost of this work, rule-based language technology has so far only been developed for a few major languages.

The two main types of language technology systems acquire language in a similar manner.

As the strengths and weaknesses of statistical and rule-based systems tend to be complementary, current research focusses on hybrid approaches that combine the two methodologies. However, these approaches have so far been less successful in industrial applications than in the research lab.
As we have seen in this chapter, many applications widely used in today's information society rely heavily on language technology, particularly in Europe's economic and information space. Although this technology has made considerable progress in the last few years, there is still huge potential to improve the quality of language technology systems. In the next section, we describe the role of Norwegian in European information society and assess the current state of language technology for the Norwegian language.

3

THE NORWEGIAN LANGUAGE IN THE EUROPEAN INFORMATION SOCIETY

3.1 GENERAL FACTS

Norwegian is the common spoken and written language in Norway and is the native language of the vast majority of the Norwegian population (more than 90%) and has about 4,320,000 speakers at present. It is the normal language of government and administration, of the school system at all levels, of business and of general day-to-day interactions in Norway.

Norwegian is the native language of more than 90% of the Norwegian population.

Minority languages (in the sense of the European Charter on Regional and Minority Languages) in Norway are Saami, Kven, Romanes and Norwegian Romani. Each of these groups represents some hundreds to thousands of speakers [2]. Norwegian Sign Language is used by approximately 15,000 speakers [10]. In addition, there are immigrant languages. Immigrants and those born in Norway to immigrant parents constitute 600,900 persons or 12.2% of Norway's population, the majority of the immigrants currently being from Poland, Sweden, Germany and Iraq according to Statistics Norway.

Norwegian is a North Germanic language and is closely related to Danish and Swedish, and these three languages are mutually understandable. Norwegian has a large variety of dialects. Even though so-called 'standard East Norwegian' functions as a de facto standard for normalised speech, such standardisation occurs to a far less extent in Norway than in most of the European countries. Norwegian has two official written standards, Bokmål and Nynorsk. Formally, the two written standards are equal in status; in practice Bokmål is by far the most dominant; it is estimated to be used by approximately 87% of the population [2]. To ensure the continued use of Nynorsk, *Målloven* (the Language Act) regulates the use of the written standards in the public sector, and all pupils learn Bokmål as well as Nynorsk at school, even if there are political movements to abolish this requirement.

3.2 PARTICULARITIES OF THE NORWEGIAN LANGUAGE

Norwegian exhibits a number of specific characteristics that contribute to the richness of the language but can also be a challenge for the computational processing of natural language.

3.2.1 Challenges in spoken Norwegian

Spoken Norwegian comprises a wide variety of dialects, which traditionally have a more prominent role than those in other European countries [2]. Since the use of a spoken standard is generally not enforced, speakers use their dialects (sometimes in moderated form) in most oral communication, also in the media. Dialectal variation represents a challenge for machines when attempting to convert speech into text or text into speech.

Norwegian's wide variety of dialects is a challenge for machines attempting to convert speech into text or text into speech.

The Norwegian compounding system, shared with other Germanic languages, poses a challenge for speech technology as well as for technologies for the written language (see below). It allows speakers to join together words quite freely in order to coin new words. For instance, the words *aske* (ash), *krise* (crisis) and *pakke* (package) can be compounded into *askekrisepakke*. Some of them are only used occasionally, while some represent terminology in specialised domains, and others become lexicalised and are entered into dictionaries.

Furthermore, most Norwegian dialects have contrastive use of pitch realised as two distinctive word intonations, often called toneme 1 and 2. These tonal accents, combined with the lack of a one-to-one relation between sounds and letters in Norwegian, pose a particular challenge to any speech technology. Among other things, Norwegian has a wide range of homographic forms which are realised with different tonemes, e. g., *sulten* ('the hunger', toneme 1) versus *sulten* ('hungry', toneme 2), and it is crucial that a speech synthesis system is able to attribute the right tone to individual tokens of the lexeme, in this case by syntactic disambiguation. Converting from text to speech, syntactic disambiguation is needed to distinguish between homographs that differ both tonemically and segmentally, such as the pair *landet* [lanE] ('the country', toneme 1) versus *landet* [lanEt] ('landed', toneme 2). In fact, most neuter nouns have such verbal homographic counterparts.

3.2.2 Challenges in written Norwegian

As regards the written language, the two official Norwegian written standards differ significantly in spelling and word formation, and in some parts of their vocabulary and grammar. In practice, the bilingual requirement in administrative and educational institutions is sometimes hard to meet, as people experience the differences as hard to learn. The effort to maintain this form of bilingualism is very high and the need for proofreading and for accurate translation between the two norms is therefore apparent.

Older language resources need to be updated for use in present day contexts.

Moreover, even within each written standard, considerable variation is allowed in the form and inflection of words. The word for 'extinguish' can for instance be written as *slukke* or *slokke* in Bokmål (*sløkke* or *sløkkje* in Nynorsk), while the past tenses in Bokmål can be *slukket*, *slukka*, *slokket* or *slokka*. Although not all possible combinations of words and endings are always used in practice, the combinatory possibilities are still formidable, sometimes leading to thousands of possible ways to write the same sentence. To complicate matters further, the Norwegian writing system has not been stable, because a substantial series of spelling reforms have been adopted throughout the years, which means that older language resources need to be updated for use in present day contexts.

As mentioned in the section on spoken particularities, the Norwegian compounding system is a challenge to any language technology because it requires good compound analysers. One of the many challenges in machine translation is the use of Norwegian reflexives, as in the following sentence:

Per visste ikke at Kari hadde forsøkt å reparere bilen sin.
Per didn't know that Kari had tried to fix her/*his car.

A correct translation requires the need for a Norwegian deep grammatical analysis of this sentence.

3.3 RECENT DEVELOPMENTS

In recent years, the standardisation of the written language has received much attention. During the past decade the Language Council of Norway has adopted a series of resolutions that streamline the written norms and bring them more in line with the observed use of written language. The earlier policy of attempting to merge the two written norms has been abandoned and instead variation has been reduced, even if considerable freedom is still allowed. Foreign films and TV-programs are usually not dubbed into Norwegian (in contrast to many other countries such as Germany and Spain), which means that generations of Norwegians have been strongly exposed to English, especially during their adolescence. This exposure has probably increased through the growing use of the Internet. Therefore, many Norwegians have good skills in English. The presence of English is reflected in loanwords from English, although an investigation of new words in Norwegian newspapers over the past ten years indicates that only about 5% of those come from English [11].

> If Norwegian loses ground in particular domains, Norwegian may become partly dysfunctional as a means of communication.

Nevertheless, language policy makers have expressed a serious concern [12] that Norwegian is losing ground in particular domains, for instance in ICT, business, financial and administrative domains. A so-called domain loss means that another language (English, in our case) becomes the primary language within a certain domain, which means that Norwegian terms are no longer produced in this domain. As a result, Norwegian may become partly dysfunctional as a means of communication between field experts or between experts and the general public. Ironically, the absence of satisfactory Norwegian terms may cause language users to develop a general attitude that it is easier to express something in English. Since the use of a non-mother tongue naturally impedes the ability to express oneself correctly and efficiently, it is important to raise awareness of a development that runs the risk of excluding parts of the population from taking part in the information society, namely those who are not familiar with English. Translations or explanations should be made available where necessary.

3.4 OFFICIAL LANGUAGE PROTECTION IN NORWAY

The media play a significant role in the preservation of a language, and in Norwegian media, the status of the Norwegian language is unquestioned. There are 13 radio and 19 television stations broadcasting nation-wide, primarily in Norwegian, except for some productions in Saami and in sign language. All foreign-language television material is subtitled in Norwegian, except for some shows intended for children, which are usually dubbed, and programs in other Scandinavian languages that are assumed to be understandable. When live events are broadcast in other languages, even in English, Norwegian-speaking commentators will usually translate or recap the main highlights.

Norwegian is not by law defined as the national language of Norway and there are laws to protect minority languages and the written standard Nynorsk, but there is no language policy to protect Norwegian [12]. Three laws have been ratified concerning language, the most widely known being *Målloven* (the Language Act) of 1980; there are also Acts on the regulation of Saami (1987) and of place names (1990) [2].

The Ministry of Culture has the overall responsibility for a Norwegian language policy, while the Language Council of Norway is authorised to develop and implement the given policy. The Language Council of Norway has more wide-ranging responsibilities than the corresponding councils in Sweden and Denmark. Among other things it is in charge of the supervision of the language and standardisation issues, the strengthening of Norwegian in society, the two written norms, and for attending to the Norwegian sign language and the minority languages. The Language Council of Norway has played an important role in getting the need for Norwegian language technology on the political agenda. Through reports to the government, strategy documents and media coverage, they have advocated the view that language technology is important for Norway, both economically and culturally.

Språkbanken, established in 2010, is an infrastructure to maintain and share language resources and development tools for the industry and for research.

The Language Council has also been instrumental in convincing policy makers that *The Language Technology Resource Collection for Norwegian–Språkbanken* should be established as an instrument for language cultivation, as argued for in a number of reports, available at http://www.sprakradet.no/nb-NO/Tema/IKT--sprak/Norsk-sprakbank/. Språkbanken is intended as "a service to the industry working with the development of language-based ICT, to researchers within linguistics and language technology, and to public enterprises developing electronic solutions for public services". Specifically, it is intended as an infrastructure to maintain and share language resources and development tools for the industry and for research. Ensuing a government White Paper [2] and its acceptance by the Parliament, the National Library of Norway was commissioned to establish Språkbanken and to begin the collection and development of the language resources to be included in it. Since June 2011, existing language resources have been released for download from Språkbanken. New resources are also being developed. Updated information can be found at http://www.nb.no/spraakbanken/.

The aforementioned White Paper also stressed that existing terminological resources in Norway are considerably lacking in coverage and are in need of updating. The existing terminology resources are largely heterogeneous with respect to formats, content, structure and metadata. Since the preservation of Norwegian terminology is a matter of language cultivation, the Language Council of Norway, using funding from the Ministry of Culture, commissioned the company Standards Norway to develop a freely available term base with terminology in several languages [13]. This term base became publicly available for online word queries in 2011 but has so far not been made downloadable for further R&D.

3.5 LANGUAGE IN EDUCATION

Recent studies indicate that the importance of language in education should not be underestimated. From the point of view of language technology, the need for good writing aids is therefore clear.

The need for good writing aid tools within education is apparent.

The first PISA study (2000) revealed that Norwegian students performed marginally above the OECD average with respect to reading literacy. The ensuing debate increased public awareness of the importance of language learning, and several national measures were therefore taken to stimulate the reading skills of Norwegian pupils. In the PISA test of 2009 [14], Norwegian pupils performed significantly better with respect to reading literacy (although the OECD average has also decreased since 2000, which weakens the impact of the seeming improvement for Norwegian pupils). As in the test of the previous years, the 2009 results were particularly low for pupils with a migration background.

As regards the reading literacy of adults, results from the study "Adult Literacy and Life Skill" (ALL) revealed that the reading skills of 300,000, or one out of ten, adult Norwegians is so low that they have problems in modern society [15]. The reading abilities of individuals are ranked on a scale from 1 to 5 within the three domains prose, documentation and numeracy. Norway uses a relatively conservative estimate, defining a level 1-reader as a reader who scores at level 1 in prose or documentation. The OECD, on the other hand, defines that readers at level 1 and 2 within at least one of the three domains will have problems in a modern information society; for Norway this applies to about 1 million readers.

The need to learn both written standards is a controversial topic in Norway. In the school system, the municipality decides which of these is used as the main written norm (*hovedmål*) – which is taught since the first year at school – whereas the secondary norm (*sidemål*) is usually introduced in the seventh year of school.

Presently, about 87% of all Norwegian pupils have Nynorsk as their secondary written norm [16]. By and large, those with Nynorsk as the primary written norm have few problems learning to master Bokmål since they are massively exposed to Bokmål in the media and literature since childhood. The majority of pupils with Bokmål as their primary written norm, however, often experience problems in mastering Nynorsk since they have been less trained and less exposed to it.

The status of Norwegian as a school subject in primary schools reflects to some extent the need to give priority to reading literacy. According to figures published in 2009 by the Directorate of Education, Norwegian language teaching makes up about 26% of the school lessons of 6-to-12-year-old pupils. In this respect, the Norwegian school system comes close to France, Greece and the Netherlands, in which almost one third of class time for 9-to-11-year-olds is in native language learning.

Another aspect of language in education concerns the fact that learning the Norwegian language has become a part of the immigration policy in Norway. In 2003, it was decreed by law that immigrants have a right and an obligation to attend 300 hours of teaching in Norwegian language and in Norwegian history, culture and law and order. Having fulfilled this obligation is one of the prerequisites for obtaining permission to stay permanently in Norway.

Increasing the amount of Norwegian language instruction in schools is one possible step towards providing students with the language skills they require for active participation in society.

Language technology can make an important contribution in this respect by offering so-called computer-assisted language learning (CALL) systems that allow students to experience language in an attractive way, for example, by linking vocabulary in electronic texts to easy-to-understand definitions or to audio or video files that supply additional information such as pronunciation.

3.6 INCLUSION ASPECTS

It is an expressed political aim in Norway to ensure equal opportunities for participation. Several acts address issues of inclusion and schools must adjust education to the needs of each individual. Importantly, the *Diskriminerings- og tilgjengelighetsloven* (The Anti-Discrimination and Universal Design Act) specifies that new ICT-solutions targeted at the general public, such as social networks or public webpages should satisfy legal requirements by July 1, 2011. By 2025 all IT-solutions have to satisfy the legal requirements.

Text-based communication media (SMS, e-mail, Facebook, blogging, Twitter) have changed the way we communicate over a very short time. Much professional and personal communication and even important public debates take place on the Internet Digital networks demand high quality texts to be produced quickly.

By 2025, all ICT-solutions targeted at the general public, such as social networks or public webpages, should satisfy legal availability requirements.

For most people, on-line text-based communication is an enrichment, but not everybody is comfortable with this mode of communication. It is estimated that about 5% of the population have serious dyslexia while as many as 20% of those between 16 and 20 years have general reading and writing difficulties, as pointed out by Dysleksiforbundet (the Norwegian Dyslexia Association). Furthermore, many second language users are still in the learning stage. About two out of three immigrants have weak reading and understanding skills [17]. Also, mobility impaired, low vision or blind users often make writing errors due to the fact that they misinterpret speech feedback or are unaware of a mistake just done. All the mentioned groups may, moreover, often experience greater problems when using text under time constraints. Finally, people with motor difficulties also experience problems and may need special input devices.

In other words, there is a real danger that these groups will be barred from making full use of this communication platform unless they find user-friendly tools to support their communication process. This challenge is ultimately a potential democratic problem. To this end, user-friendly language technology tools offer the principal solution to satisfy the law of universal design and to make sure that everyone is included.

3.7 INTERNATIONAL ASPECTS

English is by far the dominant language of science in Norwegian publications. A study from 2004 indicated that approximately eight out of ten scientific articles by researchers in Norway were published in English; more than a third of these published outside of Norway [18]. The same English predominance can be seen in the business world [16, 19]. International staffing creates multilingual teams where English becomes the working language. Moreover, Norway has an export-based economy and is heavily involved in international humanitarian, diplomatic and military activities, the latter under the auspices of the United Nations or NATO. Therefore, high levels of proficiency in English and other foreign languages are essential tools for Norwegians in many domains, from business and higher education to the military, governance and diplomacy. English is the predominantly used foreign language, and that although Norwegians have a reputation for being proficient in English, many speakers nonetheless lack the proficiency needed for advanced occupational usage. In the Norwegian ministries a number of respondents claim that the use of English costs Norway influence in, for instance, European negotiations whereas the use of English in business has led to lost opportunities and even lost contracts.

Adequate machine translation systems will be crucial in offering Norwegians the freedom to continue use their language in the future.

LRT can address this challenge from a different perspective by offering services like Machine Translation or cross-lingual information retrieval to foreign language text and thus help diminish personal and economic disadvantages naturally faced by non-native speakers of English. Indeed, Machine Translation will be crucial in offering Norwegians the freedom to continue using their language in the future. In situations where Norwegians need to communicate in English, the Norwegians are faced with the choice of writing documents in English, or writing them twice (English and Norwegian). With a working Norwegian-to-English machine translation system, Norwegian may be upheld as a working language in Norway.

3.8 NORWEGIAN ON THE INTERNET

In 2010, about 93% of the Norwegian population had access to the Internet according to MedieNorge. About 68% of them were online every day. Among young people, the proportion of users is even higher. A study from 2010 revealed that more than 2.5 million Norwegians, roughly half of the population, have a Facebook profile, which makes Norwegians one of the most dedicated users of this social medium. An estimated 34 million webpages are registered as being in the Norwegian language.

The growing importance of the Internet is critical for language technology

The vast amount of digital language data is a key resource for analysing the usage of natural language, in particular, for collecting statistical information about patterns. Furthermore, the Internet offers a wide range of application areas for language technology.

In Norway, two research-driven text corpora based on text from the Internet are being developed. The largest available Norwegian corpus resource to date is Norsk aviskorpus (the Norwegian Newspaper Corpus), a self-expansive corpus of Norwegian web-published newspaper text. The corpus is developed in collaboration between the NHH Norwegian School of Economics in Bergen and Uni Research, Bergen. The corpus currently exceeds 900 million words and adds on average 1 million words weekly, or about the equivalent of ten novels. The second web corpus, NoWaC, is developed at Tekstlaboratoriet (The Text Laboratory) at the University of Oslo, and contains about 700 million words downloaded from web documents in the .no top-level Internet domain.

As regards parallel or translated text, there is a limited presence on the web for Norwegian compared to other European languages. Translated texts to and from Norwegian are hard to come by (with the exception of EEA treaties, EU texts are generally not translated into Norwegian), and these resources are needed for Machine Translation and translation memory software. Comparatively little language technology has been developed and applied to the issue of website translation in light of the supposed need. The most commonly used web application is search, which involves the automatic processing of language on multiple levels as will be shown in more detail later. Web search involves sophisticated language technology that differs for each language. For instance, due to the two written norms in Norwegian, as well as substantial variation within the norms, a sometimes non-trivial number of variants of keywords or phrases should be matched. The next chapter gives an introduction to language technology and its core application areas, together with an evaluation of current language technology support for Norwegian.

4

LANGUAGE TECHNOLOGY SUPPORT FOR NORWEGIAN

Language technology is used to develop software systems designed to handle human language and are therefore often called "human language technology". Human language comes in spoken and written forms. While speech is the oldest and in terms of human evolution the most natural form of language communication, complex information and most human knowledge is stored and transmitted through the written word. Speech and text technologies process or produce these different forms of language, using dictionaries, rules of grammar, and semantics. This means that language technology (LT) links language to various forms of knowledge, independently of the media (speech or text) in which it is expressed. Figure 1 illustrates the LT landscape.

When we communicate, we combine language with other modes of communication and information media – for example speaking can involve gestures and facial expressions. Digital texts link to pictures and sounds. Movies may contain language in spoken and written form. In other words, speech and text technologies overlap and interact with other multimodal communication and multimedia technologies.

In this section, we will discuss the main application areas of language technology, i. e., language checking, web search, speech interaction, and machine translation. These applications and basic technologies include

- spelling correction
- authoring support
- computer-assisted language learning
- information retrieval
- information extraction
- text summarisation
- question answering
- speech recognition
- speech synthesis

Language technology is an established area of research with an extensive set of introductory literature. The interested reader is referred to textbooks [20, 21], survey [22] and the website LT World (http://www.lt-world.org).

Before discussing the above application areas, we will briefly describe the architecture of a typical LT system.

4.1 APPLICATION ARCHITECTURES

Software applications for language processing typically consist of several components that mirror different aspects of language. While such applications tend to be very complex, figure 2 shows a highly simplified architecture of a typical text processing system. The first three modules handle the structure and meaning of the text input:

1. Pre-processing: cleans the data, analyses or removes formatting, detects the input languages, and so on.

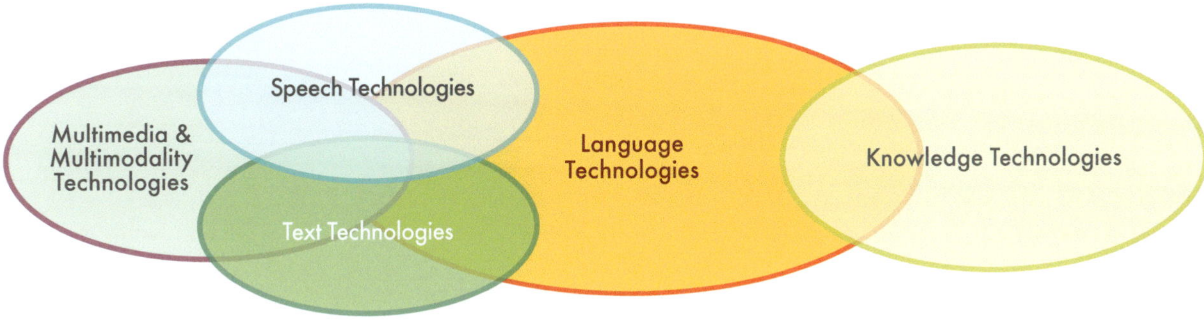

1: Language technologies

2. Grammatical analysis: finds the verb, its objects, modifiers and other sentence elements; detects the sentence structure.
3. Semantic analysis: performs disambiguation (i. e., computes the appropriate meaning of words in a given context); resolves anaphora (i. e., which pronouns refer to which nouns in the sentence); represents the meaning of the sentence in a machine-readable way.

After analysing the text, task-specific modules can perform other operations, such as automatic summarisation and database look-ups.

In the remainder of this section, we firstly introduce the core application areas for language technology, and follow this with a brief overview of the state of LT research and education today, and a description of past and present research programmes. Finally, we present an expert estimate of core LT tools and resources for Norwegian in terms of various dimensions such as availability, maturity and quality. The general situation of LT for the Norwegian language is summarised in figure 7 (p. 66) at the end of this chapter. This table lists all tools and resources that are boldfaced in the text. LT support for Norwegian is also compared to other languages that are part of this series.

4.2 CORE APPLICATION AREAS

In this section, we focus on the most important LT tools and resources, and provide an overview of LT activities in Norway.

4.2.1 Language Checking

Anyone who has used a word processor such as Microsoft Word knows that it has a spell checker that highlights spelling mistakes and proposes corrections. The first spelling correction programs compared a list of extracted words against a dictionary of correctly spelled words. Today these programs are far more sophisticated. Using language-dependent algorithms for **grammatical analysis**, they detect errors related to morphology (e. g., plural formation) as well as syntax–related errors, such as a missing verb or a conflict of verb-subject agreement (e. g., *she *write a letter*). However, most spell checkers will not find any errors in the following text, because all the words are correctly *spelt* even though some word choices are in fact wrong [23]:

> I have a spelling checker,
> It came with my PC.
> It plane lee marks four my revue
> Miss steaks aye can knot sea.

Handling these kinds of errors usually requires an analysis of the context, for example to decide if a Norwegian

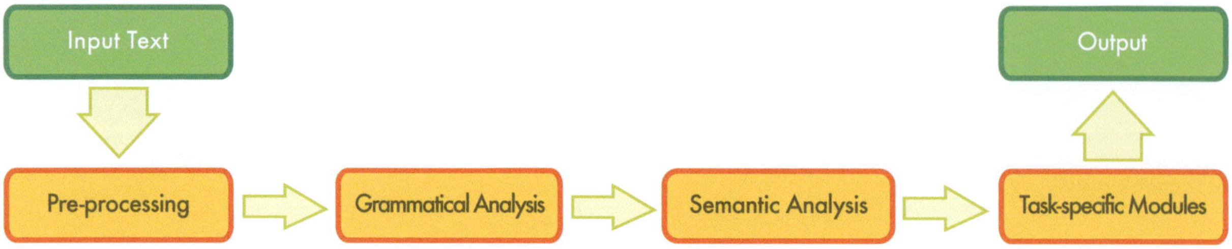

2: A typical text processing architecture

word should be spelled with one or with a double consonant in Norwegian, as in *vil* (will, would like to) vs. *vill* (wild).

This type of analysis either needs to draw on language-specific **grammars**, laboriously coded into the software by experts, or on a statistical language model. The latter calculates the probability of a particular word as it occurs in a specific position. For example, *jeg vil ha* (I would like to have) is a much more probable word sequence than *jeg vill ha* (I wild have). A statistical language model can be automatically created by using a large amount of (correct) language data, a **text corpus**.

Implementations of these two approaches have been developed around data from English. Neither approach can transfer easily to Norwegian with its different word order, compound building and richer inflection for certain word classes than in English, and studies for Norwegian are therefore needed. Furthermore, due to the particularity that Norwegian has two official written norms, one of which is lesser used, the need for good proofing tools for each written norm is significant.

Language checking is not limited to word processors; it is also used in "authoring support systems", i. e., software environments in which manuals and other types of technical documentation for complex IT, healthcare, engineering and other products, are written. To offset customer complaints about incorrect use and damage claims resulting from poorly understood instructions, companies are increasingly focusing on the quality of technical documentation while targeting the international market (via translation or localisation) at the same time. Advances in natural language processing have led to the development of authoring support software, which helps the writer of technical documentation to use vocabulary and sentence structures that are consistent with industry rules and (corporate) terminology restrictions.

Language checking is not limited to word processors but also applies to authoring systems.

Adequate spell checkers would provide an important tool to alleviate the writing process for individuals with writing difficulties, be it dyslectics or second language learners, since a context sensitive analysis may enable fewer and more relevant spelling suggestions: many choices demand a high level of reading ability and linguistic awareness.

Some Norwegian companies and language service providers develop products in the area of language checking. On the research side, basic LT resources that may be of use for Language Checking (lexicons, word lists, text corpora, compound analysers) are developed mainly at the University of Oslo, the University of Bergen and Uni Research in Bergen.

The most widely used proofing tool for Norwegian, the one found in the Microsoft Office suite, is made by the Finnish company Lingsoft, while parts of its grammar

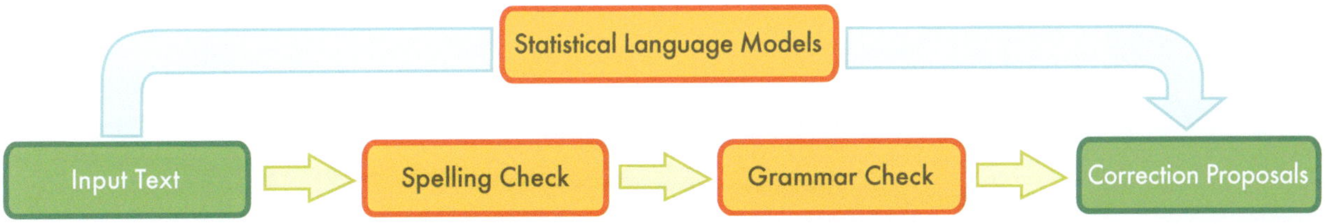

3: Language checking (top: statistical; bottom: rule-based)

checker for Bokmål were developed by researchers at the University of Oslo. Spell checking for Bokmål and Nynorsk using open source technologies such as *Hunspell* are also available. Another Norwegian commercial actor is Tansa, which specialises in text proofing tools that are tuned to the specific needs and vocabularies of individual larger enterprises. Covering several languages in addition to Norwegian Bokmål and Nynorsk (e. g., English, German, Spanish and French), their customers range from the Norwegian Broadcasting Corporation NRK to the Financial Times. Nynodata AS offers a writing aid tool from Bokmål to Nynorsk which translates and also ensures that the resulting word inflections adheres to the user's chosen writing norm.

Three companies specifically target writing aid tools for dyslectics. Two of them, Lingit and Include, include a spell checker component as well as other reading and writing aid tools (word prediction, text-to-speech components), while MikroVerkstedet includes word completion and word prediction components.

On the face of it, the situation for Norwegian proofing tools may seem quite encouraging. But at the same time, several of the initiatives are quite fragile. For instance, Norwegian spell checking based on open source technologies (*aspell, Hunspell*) is maintained by three individuals who use their spare time to do so. One may say that one of the major competitors to Microsoft software on the Norwegian market hinges on the personal initiatives of a few dedicated individuals rather than a systematic effort towards the development of open source modules. Moreover, a significant challenge for most Norwegian proofing tools is to *improve* the existing basic resources by developing more advanced Language Technology tools.

Finally, language specific tools for automatic translation or translation support of Norwegian are missing. Translation memory tools such as Trados exist, but they do not contain language specific adjustment for Norwegian beyond basic spell checking.

Besides spell checkers and authoring support, language checking is also important in the field of computer-assisted language learning. Language checking applications also automatically correct search engine queries, as found in Google's *Did you mean...* suggestions.

4.2.2 Web Search

Searching the Web, intranets or digital libraries is probably the most widely used yet largely underdeveloped language technology application today. The Google search engine, which started in 1998, now handles about 80% of all search queries [24]. The Google search interface and results page display has not significantly changed since the first version. However, in the current version, Google offers spelling correction for misspelled words and incorporates basic semantic search capabilities that can improve search accuracy by analysing the meaning of terms in a search query context [25]. The Google success story shows that a large volume of data and efficient indexing techniques can deliver satisfactory results using a statistical approach to language processing.

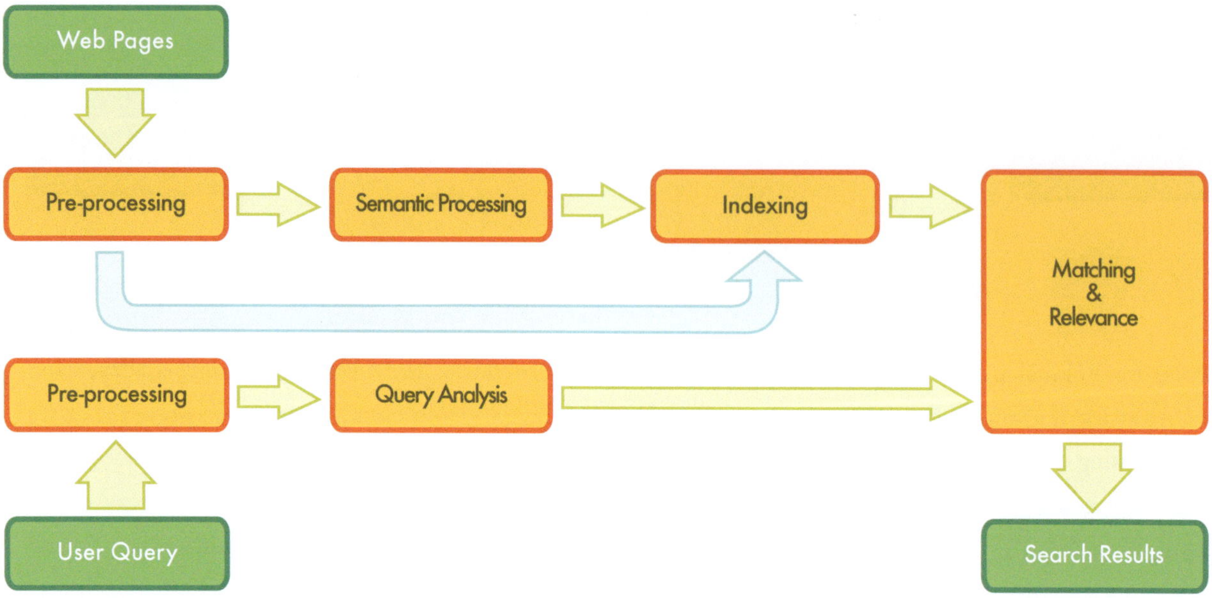

4: Web search

For more sophisticated information requests, it is essential to integrate deeper linguistic knowledge to facilitate text interpretation. Experiments using **lexical resources** such as machine-readable thesauri or ontologies (a Norwegian wordnet is expected by the end of 2012) have demonstrated improvements in finding pages using synonyms of the original search terms, such as *atomkraft* (atomic energy), *kjerneenergi* (atomic power) and *nukleærenergi* (nuclear energy), or even more loosely related terms.

The next generation of search engines will have to include much more sophisticated language technology.

The next generation of search engines will have to include much more sophisticated language technology, especially to deal with search queries consisting of a question or other sentence type rather than a list of keywords. For the query *Give me a list of all companies that were taken over by other companies in the last five years*, a syntactic as well as **semantic analysis** is required. The system also needs to provide an index to quickly retrieve relevant documents. A satisfactory answer will require syntactic parsing to analyse the grammatical structure of the sentence and determine that the user wants companies that have been acquired, rather than companies that have acquired other companies. For the expression *last five years*, the system needs to determine the relevant range of years, taking into account the present year. The query then needs to be matched against a huge amount of unstructured data to find the pieces of information that are relevant to the user's request. This process is called information retrieval, and involves searching and ranking relevant documents. To generate a list of companies, the system also needs to recognise a particular string of words in a document represents a company name, using a process called named entity recognition.

A more demanding challenge is matching a query in one language with documents in another language. Cross-lingual information retrieval involves automatically translating the query into all possible source languages and then translating the results back into the user's target language.

Now that data is increasingly found in non-textual formats, there is a need for services that deliver multimedia information retrieval by searching images, audio files and video data. In the case of audio and video files, a speech recognition module must convert the speech content into text (or into a phonetic representation) that can then be matched against a user query.

In Norway, Opera Software developed the first Norwegian web browser and Internet suite. Opera began in 1994 as a research project within Norway's largest telecom company, Telenor. Within a year, it demerged into an independent development company named Opera Software ASA. A few companies develop or apply search solutions (CognIT, Comperio, TextUrgy, Abtrox and Infofinder). FAST developed a search engine, which was then bought by Microsoft, and which is now being traded by Comperio. The development focus for these companies lies on providing add-ons and advanced search engines by exploiting topic-relevant semantics. Thus, one may say that the IT industry in Norway already has quite a good foundation as regards web search and information retrieval; the main need reported from the companies is that of reliable LRT components.

4.2.3 Speech Interaction

Speech interaction is one of many application areas that depend on speech technology, i. e., technologies for processing spoken language. Speech interaction technology is used to create interfaces that enable users to interact in spoken language instead of using a graphical display, keyboard and mouse. Today, these voice user interfaces (VUI) are used for partially or fully automated telephone services provided by companies to customers, employees or partners. Business domains that rely heavily on VUIs include banking, supply chain, public transportation, and telecommunications. Other uses of speech interaction technology include interfaces to car navigation systems and the use of spoken language as an alternative to the graphical or touchscreen interfaces in smartphones. Speech interaction technology comprises four technologies:

1. Automatic **speech recognition** (ASR) determines which words are actually spoken in a given sequence of sounds uttered by a user.
2. Natural language understanding analyses the syntactic structure of a user's utterance and interprets it according to the system in question.
3. Dialogue management determines which action to take given the user input and system functionality.
4. **Speech synthesis** (text-to-speech or TTS) transforms the system's reply into sounds for the user.

One of the major challenges of ASR systems is to accurately recognise the words a user utters. This means restricting the range of possible user utterances to a limited set of keywords, or manually creating language models that cover a large range of natural language utterances. Using machine learning techniques, language models can also be generated automatically from **speech corpora**, i. e., large collections of speech audio files and text transcriptions. Restricting utterances usually forces people to use the voice user interface in a rigid way and can damage user acceptance; but the creation, tuning and maintenance of rich language models will significantly increase costs. VUIs that employ language models and initially allow a user to express their intent more flexibly – prompted by a *How may I help you?* greeting – tend to be automated and are better accepted by users.

Speech interaction is the basis for interfaces that allow a user to interact with spoken language.

Companies tend to use utterances pre-recorded by professional speakers for generating the output of the voice

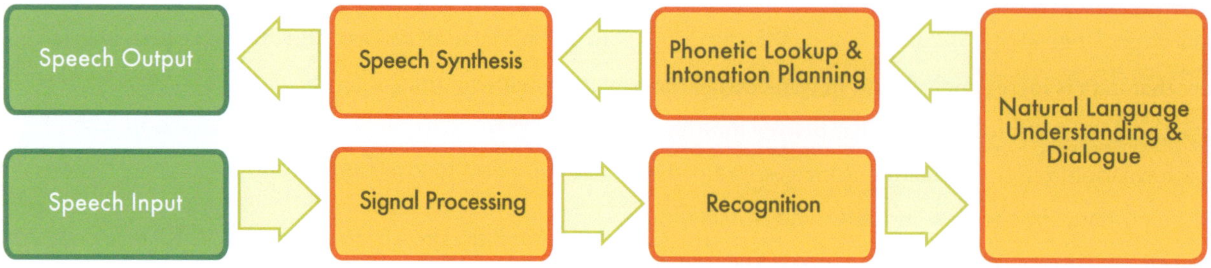

5: Speech-based dialogue system

user interface. For static utterances where the wording does not depend on particular contexts of use or personal user data, this can deliver a rich user experience. But more dynamic content in an utterance may suffer from unnatural intonation because different parts of audio files have simply been strung together. Through optimisation, today's TTS systems are getting better at producing natural-sounding dynamic utterances.

Interfaces in speech interaction have been considerably standardised during the last decade in terms of their various technological components. There has also been strong market consolidation in speech recognition and speech synthesis. The national markets in the G20 countries (economically resilient countries with high populations) have been dominated by just five global players, with Nuance (USA) and Loquendo (Italy) being the most prominent players in Europe. In 2011, Nuance announced the acquisition of Loquendo, which represents a further step in market consolidation.

In the Norwegian TTS market, thirteen Norwegian voices of varying quality are available, some of which have been developed by the above mentioned European players. Three voices have been developed by the Norwegian company Lingit, which targets users groups with reading and writing impairments. Another voice was developed by the Norwegian Library of Talking Books and Braille in cooperation with their sister library in Sweden. There is also an active research community at the Norwegian University of Science and Technology in Trondheim.

Language resources for speech synthesis are abundant for English but only to a lesser extent for Norwegian.

The quality of speech synthesis depends heavily on available resources (in particular text corpora tagged for part of speech, tokenisers and pronunciation lexicons) and language specific research on for instance prosodic features for the language in question. Such resources are abundant for English but only to a lesser extent for Norwegian, even if Norwegian is especially challenging due to the wide variety of possible spelling variants and the range of dialects; moreover the tonal accents in most Norwegian dialects and the lack of a one-to-one relation between sounds and letters pose challenges.
Regarding dialogue management technology and know-how, the market is rather dominated by national, smaller enterprises. MediaLT has developed a general speech recognition engine used for dialogue management for the visually impaired. Regarding speech-to-text, Max Manus has integrated and localised Philips' SpeechMagic for Norwegian hospitals. This system is relatively successful, but it is limited to a relatively closed domain (with a closed vocabulary). Recently Dragon Dictation, a voice recognition application for mobile

telephones, was launched for Norwegian. This application is the first *general* dictation system for Norwegian; however, the Norwegian version of Dragon Dictation seems to misinterpret conspicuously more than the English counterpart. Within the domain of speech interaction, a genuine market for the linguistic core technologies for syntactic and semantic analysis does not exist yet.

Looking ahead, there will be significant changes, due to the spread of smartphones as a new platform for managing customer relationships, in addition to fixed telephones, the Internet and e-mail. This will also affect how speech interaction technology is used. In the long term, there will be fewer telephone-based VUIs, and spoken language apps will play a far more central role as a user-friendly input for smartphones. This will be largely driven by stepwise improvements in the accuracy of speaker-independent speech recognition via the speech dictation services already offered as centralised services to smartphone users.

4.2.4 Machine Translation

The idea of using digital computers to translate natural languages can be traced back to 1946 and was followed by substantial funding for research during the 1950s and again in the 1980s. Yet **machine translation** (MT) still cannot deliver on its initial promise of providing across-the-board automated translation.

The most basic approach to machine translation is the automatic replacement of the words in a text written in one natural language with the equivalent words of another language. This can be useful in subject domains that have a very restricted, formulaic language such as weather reports. However, in order to produce a good translation of less restricted texts, larger text units (phrases, sentences, or even whole passages) need to be matched to their closest counterparts in the target language.

The major difficulty for Machine Translation is that human language is ambiguous.

The major difficulty is that human language is ambiguous. Ambiguity creates challenges on multiple levels, such as word sense disambiguation at the lexical level or syntactic ambiguities at the sentence level. A likely idiomatic translation of the Norwegian sentence *Plutselig røk slangen* in English could be *Suddenly the hose snapped.* However, a simple word-by-word translation of this sentence might yield *Suddenly smoked the snake.* This is because the verb form *røk* (past tense of *ryke*) is ambiguous between 'snap' and 'smoke' whereas *slange* is ambiguous between 'hose' and 'snake'; note also that a simple word-by-word translation would not get the difference in word order between Norwegian and English right.

In addition to lexical ambiguities and word order differences, another challenge is syntactic ambiguities. In Norwegian we may topicalise objects, but this possibility is much more restricted in English. The Norwegian sentence *Eplene spiste mannen* has two possible interpretations: either *Eplene* (the apples) is analysed as the subject of the sentence (the apples ate the man) or as a topicalised object (the apples were eaten by the man). Since this ambiguity does not exist in English, a machine translation system must first identify the correct syntactic interpretation in order to find the correct translation.

Another MT challenge for Norwegian is compounding. An efficient translation system must thus be able to discover newly coined compounds, resolve them, and, if needed, create new compounds in the target language.

For translations between closely related languages, a translation using direct substitution may be feasible for many sentences. However, rule-based (or linguistic knowledge-driven) systems often analyse the input text and create an intermediary symbolic representation from which the target language text can be generated.

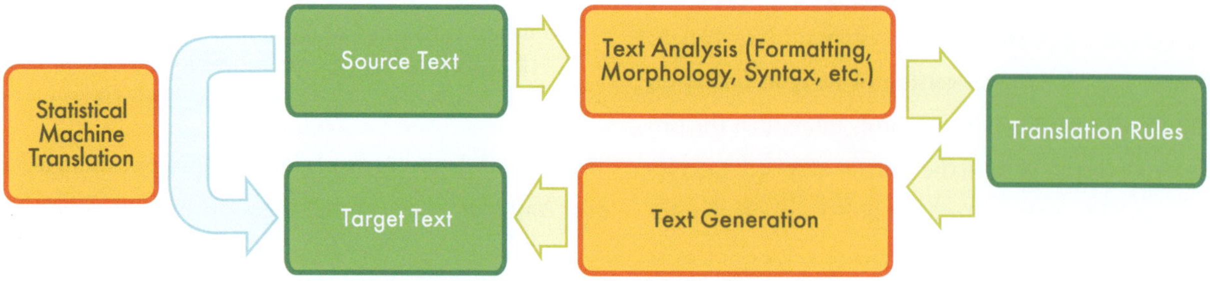

6: Machine translation (left: statistical; right: rule-based)

The success of these methods is highly dependent on the availability of extensive lexicons with morphological, syntactic, and semantic information, and large sets of grammar rules carefully designed by skilled linguists. This is a very long and therefore costly process.

In the late 1980s when computational power increased and became cheaper, interest in statistical models for machine translation began to grow. Statistical models are derived from analysing bilingual text corpora, **parallel corpora**, such as the Europarl parallel corpus, which contains the proceedings of the European Parliament in 21 European languages (Norwegian not being one of them). Given enough data, statistical MT works well enough to derive an approximate meaning of a foreign language text by processing parallel versions and finding plausible patterns of words. Unlike knowledge-driven systems, however, statistical (or data-driven) MT systems often generate ungrammatical output. Data-driven MT is advantageous because less human effort is required, and it can also cover special particularities of the language (e. g., idiomatic expressions) that are often ignored in knowledge-driven systems.

The strengths and weaknesses of knowledge-driven and data-driven machine translation tend to be complementary, so that nowadays researchers focus on hybrid approaches that combine both methodologies. One such approach uses both knowledge-driven and data-driven systems, together with a selection module that decides on the best output for each sentence. However, results for sentences longer than, say, 12 words, will often be far from perfect. A more effective solution is to combine the best parts of each sentence from multiple outputs; this can be fairly complex, as corresponding parts of multiple alternatives are not always obvious and need to be aligned.

Although the need for Machine Translation for Norwegian is apparent, the development of such software for Norwegian is not extensive.

Two systems address the fact that Norwegian has two written norms, creating a need for efficient translations between the written norms. The small enterprise Nynodata offers tools for translation, correction and text search for Bokmål and Nynorsk. The open-source initiative Apertium also offers automated translation between the two written norms, implemented by a student at the University of Bergen.

Google Translate has a Norwegian module to translate between English and Norwegian, and via English it is possible to translate between Norwegian and any language pair containing English. GramTrans is an MT platform developed in cooperation between the Danish GrammarSoft ApS and the Norwegian company Kaldera Språkteknologi AS. The translation engine offers free web-based translation for the Scandinavian languages and also between Norwegian and English, based on a robust grammatical analysis, a transfer component for lexicon and grammar and a generation component. The company Clue Norge, which specialises in electronic dictionaries for enterprises, developed a system (Textran) for machine translation from English to Norwegian about ten years ago. The system still exists but was not further developed because perfect translations are hard to obtain whereas the user groups were not ready to pay for a less than perfect system. Although significant research in this technology exists in national and international contexts, data-driven and hybrid systems have so far been less successful in business applications than in the research lab. In Norway, the main research expertise in this field is found at the University of Oslo and the University of Bergen.

There seems to be an underuse of language technology resources in the Norwegian Language Service Industry

The use of machine translation can significantly increase productivity provided the system is intelligently adapted to user-specific terminology and integrated into a workflow. In general, there seems to be an underuse of language technology resources in the Norwegian Language Service Industry. This sector can be divided into two groups: on the one hand there are freelance translators and translation agencies catering to individual clients, commercial actors and the public sector, and on the other hand there are translators affiliated with *Oversetterforeningen* (Organisation of translators of literary texts) and *Norsk faglitterær forfatter- og oversetterforening* (Organisation of translators of scientific and academic texts). In the latter group, the use of language technology is limited. The former group uses Trados, which is the dominant machine translation tool for professional translators. However, Trados has no Norwegian module but is based on Hunspell, an open source spell checker and morphological analyser originally developed for Hungarian which is not optimal for Norwegian. Although it is a functional and open solution, it still needs further development to be an optimal resource for the Norwegian Language Service industry and there is a particular need for improvement of the analysis of Norwegian compounds.

In addition, professional translators use term bases (UD, IATE) and to some extent collaborate with the University Sector in developing term base resources. The apparent underuse of language technology resources in the Language Service Industry is caused in part by the lack of adequate resources for Norwegian, but also by a lacking contact between the Language Service Industry and the research community. As a consequence, knowledge of the full spectrum of language technology is often too limited, and it is difficult for commercial actors to evaluate the quality of a resource.

There is still a huge potential for improving the quality of MT systems. The challenges involve adapting language resources to a given subject domain or user area, and integrating the technology into workflows that already have term bases and translation memories. Another problem is that most of the current systems are English-centred and only support a few languages from and into German. This leads to friction in the translation workflow and forces MT users to learn different lexicon coding tools for different systems.

Evaluation campaigns help to compare the quality of MT systems, the different approaches and the status of the systems for different language pairs. Figure 7 (p. 26), prepared during the EuroMatrix+ project, shows the pair-wise performances obtained for 22 of the 23 EU languages (Irish was not compared). The results are ranked according to a BLEU score, which indicates higher scores for better translations [27]. A human translator would normally achieve around 80 points. The best results (in green and blue) were achieved by languages that benefit from a considerable research effort in coordinated programmes and many parallel corpora (e. g., English, French, Dutch, Spanish and German). Poorer results are shown in red. These either lack such development efforts or are structurally very different from other languages (e. g., Hungarian, Maltese, Finnish). Norwegian was not included in this project.

4.3 OTHER APPLICATION AREAS

Building language technology applications involves a range of subtasks that do not always surface at the level of interaction with the user, but they provide significant service functionalities "behind the scenes" of the system in question. They all form important research issues that have now evolved into individual sub-disciplines of computational linguistics. Question answering, for example, is an active area of research for which annotated corpora have been built and scientific competitions have been initiated. The concept of question answering goes beyond keyword-based searches (in which the search engine responds by delivering a collection of potentially relevant documents) and enables users to ask a concrete question to which the system provides a single answer. For example:

Question: How old was Neil Armstrong when he stepped on the moon?

Answer: 38.

While question answering is obviously related to the core area of web search, it is nowadays an umbrella term for such research issues as which different types of questions exist, and how they should be handled; how a set of documents that potentially contain the answer can be analysed and compared (do they provide conflicting answers?); and how specific information (the answer) can be reliably extracted from a document without ignoring the context.

Question answering is in turn related to information extraction (IE), an area that was extremely popular and influential when computational linguistics took a statistical turn in the early 1990s. IE aims to identify specific pieces of information in specific classes of documents, such as the key players in company takeovers as reported in newspaper stories. Another common scenario that has been studied is reports on terrorist incidents. The task here consists of mapping appropriate parts of the text to a template that specifies the perpetrator, target, time, location and results of the incident. Domain-specific template-filling is the central characteristic of IE, which makes it another example of a "behind the scenes" technology that forms a well-demarcated research area, which in practice needs to be embedded into a suitable application environment.

Text summarisation and **text generation** are two borderline areas that can act either as standalone applications or play a supporting role. Summarisation attempts to give the essentials of a long text in a short form, and is one of the features available in Microsoft Word. It mostly uses a statistical approach to identify the "important" words in a text (i. e., words that occur very frequently in the text in question but less frequently in general language use) and determine which sentences contain the most of these "important" words. These sentences are then extracted and put together to create the summary. In this very common commercial scenario, summarisation is simply a form of sentence extraction, and the text is reduced to a subset of its sentences. An alternative approach, for which some research has been carried out, is to generate brand new sentences that do not exist in the source text.

For Norwegian, research in most text technologies is much less developed than for English.

This requires a deeper understanding of the text, which means that so far this approach is far less robust. On the whole, a text generator is rarely used as a stand-alone application but is embedded into a larger software environment, such as a clinical information system that collects, stores and processes patient data. Creating reports is just one of many applications for text summarisation.

Question answering, information extraction, and summarisation have been the focus of numerous open competitions in the USA since the 1990s, primarily organised by the government-sponsored organisations DARPA and NIST. These competitions have significantly improved the start-of-the-art, but their focus has mostly been on the English language. As a result, there are hardly any annotated corpora or other special resources needed to perform these tasks in Norwegian.

When summarisation systems use purely statistical methods, they are largely language-independent and a number of research prototypes are available. For text generation, reusable components have traditionally been limited to surface realisation modules (generation grammars) and most of the available software is for the English language.

4.4 EDUCATIONAL PROGRAMMES

Language technology is a very interdisciplinary field that involves the combined expertise of linguists, computer scientists, mathematicians, philosophers, psycholinguists, and neuroscientists among others. As a result, it has not acquired a clear, independent existence in the Norwegian higher education system.

In Norway, scientific expertise is present in small research groups at the universities of Oslo, Bergen, and Tromsø, the Norwegian University of Science and Technology, the Norwegian School of Economics and the research companies Uni Research and Sintef) that co-operate on a project basis. No universities have established separate departments or centres of Computational Linguistics or Language Technology. A limited number of relevant courses are offered by departments of Computer Science (University of Oslo and Norwegian University of Science and Technology) and Linguistics (Universities of Bergen and Tromsø). Research and teaching in speech processing is only represented at the Norwegian University of Science and Technology.

Language technology has not acquired a clear, independent existence in the Norwegian higher education system.

Although it is hard to quantify such a claim, the field of Computational Linguistics, and the options to study it, do not appear to be very well-known in Norway. Indeed, a crux of the KUNSTI programme was to strengthen basic research and the competence within language technology disciplines. This programme enabled several master's and PhD theses to be completed in relation to the wide variety of research projects. One may therefore say that this programme was instrumental in stimulating a framework to foster new researchers and a wider competence in LRT for Norwegian.

The University of Bergen coordinates CLARA, a Marie Curie Initial Training Network aimed at offering researcher training in LRT at nine European facilities.

4.5 NATIONAL PROJECTS AND INITIATIVES

Since the Norwegian language industry is relatively small by international standards, national and local academic initiatives have been important for the development of Norwegian LRT, also for the benefit of private companies. Most Norwegian companies in need of LRT express their desire to take advantage of resources, knowledge and expertise in academia, because their own main expertise usually does not lie in LRT.

The Research Council of Norway has supported one language technology research programme, namely KUNSTI (Kunnskapsutvikling for norsk språkteknologi). It was in part inspired by larger projects in other countries (e. g., the German project Verbmobil) and aimed to increase competence in language technology through basic research. KUNSTI aimed for R&D to make spoken and written Norwegian in various forms (and to some extent Saami) accessible for computer processing. Twenty research projects of varying sizes were completed under the programme, the largest two being in MT and speech processing. Building a variety of language technology applications presupposes basic resources, such as word lists, text corpora and speech corpora. These are just as costly and time-consuming to develop for smaller languages as for larger languages; since Norwegian has two official written norms, the costs are even higher. Therefore, Norwegian is not very attractive from a commercial point of view.

> *Språkbanken* is one of the most important language policy investments in Norway in recent times.

It is for this reason that it was such an important achievement to establish the *Language Technology Resource Collection for Norwegian – Språkbanken* in 2010. Språkbanken at the National Library is to function as an infrastructure for making Norwegian LRT available for research and commercial use, thus hopefully reducing the threshold for developing Norwegian LRT products.

The situation thus far has been that whereas private companies compile various in-house resources and tools, substantial resources and tools (e. g., lexicons, taggers and named-entity recognisers) are developed at research institutions and subsequently sometimes purchased in some form by private companies. Indeed, the majority of tools and resources listed in the Table of Tools and Resources at the end of this report are developed at the research institutions. For instance, the University of Oslo has developed the speech corpora NoTa-Oslo (Norsk Talespråkskorpus, the Oslo part) and Nordic Dialect Corpus, Norsk Ordbank has been developed by the University of Oslo in cooperation with the Norwegian Language Council, the Oslo-Bergen tagger has been made by the University of Oslo and Uni Research in Bergen, the Norwegian Newspaper Corpus has been developed by Uni Research and the Norwegian School of Economics and the INESS treebanking infrastructure is currently being built at the University of Bergen.

In the work programme of KUNSTI, the development of basic language and speech data was not catered for. It was therefore felt that the projects under this programme were hampered by a lack of basic language resources. With Språkbanken now established, and with new researchers and revitalised competence, it is felt by many that the time may be ripe to consider a new LRT effort which may get a more application-oriented focus than its predecessor.

Sizeable LRT building projects (e. g., the INESS, NoTa-Oslo, Norsk aviskorpus, WeSearch-Language technology for the web and SIRKUS) after KUNSTI have been financed through infrastructure programmes (AVIT) or general ICT programmes from the Research Council such as VERDIKT. Public funding for LT projects in Norway and in Europe is still relatively low, however, when compared to the amount of money the USA spends on language translation and multilingual information access [28].

As we have seen, previous programmes have led to the development of a number of LT tools and resources for the Norwegian language. In the following section, the current state of LT support for Norwegian is summarised.

4.6 AVAILABILITY OF TOOLS AND RESOURCES

Figure 7 provides a rating for language technology support for Norwegian. This rating of existing tools and resources was generated by leading experts in the field who provided estimates based on a scale from 0 (very low) to 6 (very high) using seven criteria.

The key results for Norwegian language technology can be summed up as follows:

- Norwegian stands reasonably well with respect to the most basic language technology tools and resources, such as tokenisers, PoS taggers, morphological analysers, reference corpora, and speech corpora. There are also many speech synthesis (TTS) products for Norwegian with a general applicability and an acceptable quality, although most of them are developed by commercial actors and are thus restricted in terms of availability. Lexicons covering general language are well-represented but there are major gaps in the coverage of terminologies representing specialised domains.
- Individual products with limited functionality exist in subfields such as speech recognition, machine translation, text semantics and a few others. Some of these areas are covered for Norwegian by commercial actors and are thus restricted in terms of availability.
- Some tools and resources are virtually non-existing; furthermore some resources are developed for commercial use and are not available. This typically applies to tools and resources for more advanced Norwegian language technology such as a advanced discourse processing, text generation and ontologies for representing world knowledge.
- At present, many of the tools and resources lack standardisation, i. e., even if they exist, sustainability and adaptability are not necessarily catered for. Although the table suggests that basic LT tools and resources exist for Norwegian, they are in some cases fragmented and their sustainability is limited by restrictions on their use, incompatibilities and insufficient documentation.

To conclude, today we have software with limited functionality available in a number of specific areas of Norwegian language research. Obviously, further research efforts are required to meet the current deficit in processing texts on a deeper semantic level and to address the lack of resources such as parallel corpora for machine translation.

4.7 CROSS-LANGUAGE COMPARISON

The current state of LT support varies considerably from one language community to another. In order to compare the situation between languages, this section will present an evaluation based on two sample application areas (machine translation and speech processing) and one underlying technology (text analysis), as well as basic resources needed for building LT applications. The languages were categorised using the following five-point scale:

1. Excellent support
2. Good support
3. Moderate support
4. Fragmentary support
5. Weak or no support

LT support was measured according to the following criteria:

Speech Processing: Quality of existing speech recognition technologies, quality of existing speech synthesis technologies, coverage of domains, number and size of existing speech corpora, amount and variety of available speech-based applications.

	Quantity	Availability	Quality	Coverage	Maturity	Sustainability	Adaptability
Language Technology: Tools, Technologies and Applications							
Speech Recognition	4	2	2	1	2	3	3
Speech Synthesis	3	2	3	2	3	3	3
Grammatical analysis	4	4,5	4	4	4,5	4,5	5
Semantic analysis	2	2	3,3	3	3,7	3,3	3,7
Text generation	1	4	4	3	5	4	5
Machine translation	4	4	2	2	3	5	3
Language Resources: Resources, Data and Knowledge Bases							
Text corpora	4,5	3,5	3,5	3	4	4,5	4
Speech corpora	5	4	3	5	4	5	5
Parallel corpora	5	3	2	2	4	3	3
Lexical resources	2,5	2	2	2	2	2	2,5
Grammars	2	4	5	3	4	5	3

7: State of language technology support for Norwegian

Machine Translation: Quality of existing MT technologies, number of language pairs covered, coverage of linguistic phenomena and domains, quality and size of existing parallel corpora, amount and variety of available MT applications.

Text Analysis: Quality and coverage of existing text analysis technologies (morphology, syntax, semantics), coverage of linguistic phenomena and domains, amount and variety of available applications, quality and size of existing (annotated) text corpora, quality and coverage of existing lexical resources (e. g., WordNet) and grammars.

Resources: Quality and size of existing text corpora, speech corpora and parallel corpora, quality and coverage of existing lexical resources and grammars.

Figures 8 to 11 show that LT resources and tools for Norwegian clearly do not yet reach the quality and coverage of comparable resources and tools for the English language, which is in the lead in almost all LT areas. Moreover, there are still many gaps even in English language resources with regard to high quality applications. The situation for Norwegian compares well with our neighbouring languages, although the figures fail to show mismatches between the situation for Bokmål on the one hand and Nynorsk on the other hand.

Our study shows that LT resources and tools for Norwegian clearly do not yet reach the quality and coverage of comparable resources and tools for the English language, which is in the lead in almost all LT areas.

For speech synthesis, several Norwegian-speaking voices are available in end-user applications, although many platforms do not offer free, adaptive and high quality Norwegian speech synthesis that could be used by developers. For speech recognition there is low support for Norwegian; there are no general speech recognisers with the possible exception of the recently launched mobile application Dragon Dictation, which could not be assessed in time for the present report. There is one specialised recogniser for medical records with varying quality.

For machine translation between Norwegian Bokmål and Nynorsk, one bidirectional, freely available application and one unidirectional, commercial application exist. For machine translation from Norwegian to other languages there is one free resource and one commercial application available with varying quality and performance.

Today's text analysis components cover the linguistic phenomena of Norwegian to a certain extent and form part of many applications involving mostly shallow natural language processing, e. g., general spelling correction and writing aid tools for dyslectics.

As far as resources are concerned, the previous section has already pointed to conspicuous gaps. For building more sophisticated applications, such as machine translation, there is a clear need for resources and technologies that cover a wider range of linguistic aspects and enable a deep semantic analysis of the input text. By improving the quality and coverage of these basic resources and technologies, we shall be able to open up new opportunities for tackling a broader range of advanced application areas, including high-quality machine translation.

4.8 CONCLUSIONS

In this series of white papers, we have made an important effort by assessing the language technology support for 30 European languages, and by providing a high-level comparison across these languages. By identifying the gaps, needs and deficits, the European language technology community and its related stakeholders are now in a position to design a large scale research and development programme aimed at building a truly multilingual, technology-enabled communication across Europe.

The results of this white paper series show that there is a dramatic difference in language technology support between the various European languages. While there are good quality software and resources available for some languages and application areas, other (usually smaller) languages have substantial gaps. Many languages lack basic technologies for text analysis and the essential resources. Others have basic tools and resources, but there is little chance of implementing semantic methods in the near future. Therefore a large-scale effort is needed to attain the ambitious goal of providing high-quality language technology support for all European languages, for example through high quality machine translation.

In the case of the Norwegian language, we have seen that technologies that were developed and optimised for the English language do not easily transfer to Norwegian. It costs just as much to develop language resources for a small language as for a larger language. It is therefore important to continue the public support for R&D for Norwegian LT, even more so since Norwegian has two written norms that must be catered for. The required level of investment has not been reached thus far. The Norwegian language technology industry dedicated to transforming research into products is currently fragmented and disorganised. The field is characterised by specialised SMEs that are not robust enough to address the internal and the global market with a sustained strategy.

Specifically, the most urgent needs of Norwegian Language Technology are:

1. Improved licensing conditions and standardisation of existing basic tools and resources, in order to make

them openly available to the research community and industry.

2. Creation of missing basic tools and resources, including multilingual tools with Norwegian as source or target language, in standard formats with open licenses.
3. Basic research on the higher levels of automatic linguistic analysis for Norwegian, and on the integration of statistical and rule-based LT, not least in order to aim for a closer interaction between speech and text technology.
4. Coordinated dissemination of research results to improve their visibility to potential users and to attract new scholars/students to the field.
5. Long term funding strategies for securing the development of LRT for both Norwegian written norms and for the minority languages.

For a small language community such as Norwegian and a small research environment, cooperation is vital, not only on the national level but also internationally. Since 2000, Norwegian researchers and policy makers have taken an active part in Nordic cooperation (e. g., the Nordic Language Technology Research Programme 2000–2004). It is also hoped that Norway's participation in CLARIN and META-NORD will make set an example to develop, standardise and share several important LRT and thus contribute to the growth of Norwegian language technology in a context of European cooperation. This should be followed up by a better overall coordination with programmes in other EU countries and at the European Commission level.

The long term goal of META-NET is to enable the creation of high-quality language technology for all languages. This requires all stakeholders – in politics, research, business, and society – to unite their efforts. The resulting technology will help tear down existing barriers and build bridges between Europe's languages, paving the way for political and economic unity through cultural diversity.

Excellent support	Good support	Moderate support	Fragmentary support	Weak/no support
	English	Czech	Basque	Croatian
		Dutch	Bulgarian	Icelandic
		Finnish	Catalan	Latvian
		French	Danish	Lithuanian
		German	Estonian	Maltese
		Italian	Galician	Romanian
		Portuguese	Greek	
		Spanish	Hungarian	
			Irish	
			Norwegian	
			Polish	
			Serbian	
			Slovak	
			Slovene	
			Swedish	

8: Speech processing: state of language technology support for 30 European languages

Excellent support	Good support	Moderate support	Fragmentary support	Weak/no support
	English	French	Catalan	Basque
		Spanish	Dutch	Bulgarian
			German	Croatian
			Hungarian	Czech
			Italian	Danish
			Polish	Estonian
			Romanian	Finnish
				Galician
				Greek
				Icelandic
				Irish
				Latvian
				Lithuanian
				Maltese
				Norwegian
				Portuguese
				Serbian
				Slovak
				Slovene
				Swedish

9: Machine translation: state of language technology support for 30 European languages

Excellent support	Good support	Moderate support	Fragmentary support	Weak/no support
	English	Dutch	Basque	Croatian
		French	Bulgarian	Estonian
		German	Catalan	Icelandic
		Italian	Czech	Irish
		Spanish	Danish	Latvian
			Finnish	Lithuanian
			Galician	Maltese
			Greek	Serbian
			Hungarian	
			Norwegian	
			Polish	
			Portuguese	
			Romanian	
			Slovak	
			Slovene	
			Swedish	

10: Text analysis: state of language technology support for 30 European languages

Excellent support	Good support	Moderate support	Fragmentary support	Weak/no support
	English	Czech	Basque	Icelandic
		Dutch	Bulgarian	Irish
		French	Catalan	Latvian
		German	Croatian	Lithuanian
		Hungarian	Danish	Maltese
		Italian	Estonian	
		Polish	Finnish	
		Spanish	Galician	
		Swedish	Greek	
			Norwegian	
			Portuguese	
			Romanian	
			Serbian	
			Slovak	
			Slovene	

11: Speech and text resources: state of support for 30 European languages

ABOUT META-NET

META-NET is a Network of Excellence partially funded by the European Commission [29]. The network currently consists of 54 research centres in 33 European countries. META-NET forges META, the Multilingual Europe Technology Alliance, a growing community of language technology professionals and organisations in Europe. META-NET fosters the technological foundations for a truly multilingual European information society that:

- makes communication and cooperation possible across languages;
- grants all Europeans equal access to information and knowledge regardless of their language;
- builds upon and advances functionalities of networked information technology.

The network supports a Europe that unites as a single digital market and information space. It stimulates and promotes multilingual technologies for all European languages. These technologies support automatic translation, content production, information processing and knowledge management for a wide variety of subject domains and applications. They also enable intuitive language-based interfaces to technology ranging from household electronics, machinery and vehicles to computers and robots. Launched on 1 February 2010, META-NET has already conducted various activities in its three lines of action META-VISION, META-SHARE and META-RESEARCH.

META-VISION fosters a dynamic and influential stakeholder community that unites around a shared vision and a common strategic research agenda (SRA). The main focus of this activity is to build a coherent and cohesive LT community in Europe by bringing together representatives from highly fragmented and diverse groups of stakeholders. The present White Paper was prepared together with volumes for 29 other languages. The shared technology vision was developed in three sectorial Vision Groups. The META Technology Council was established in order to discuss and to prepare the SRA based on the vision in close interaction with the entire LT community.

META-SHARE creates an open, distributed facility for exchanging and sharing resources. The peer-to-peer network of repositories will contain language data, tools and web services that are documented with high-quality metadata and organised in standardised categories. The resources can be readily accessed and uniformly searched. The available resources include free, open source materials as well as restricted, commercially available, fee-based items.

META-RESEARCH builds bridges to related technology fields. This activity seeks to leverage advances in other fields and to capitalise on innovative research that can benefit language technology. In particular, the action line focuses on conducting leading-edge research in machine translation, collecting data, preparing data sets and organising language resources for evaluation purposes; compiling inventories of tools and methods; and organising workshops and training events for members of the community.

office@meta-net.eu – http://www.meta-net.eu

A

LITTERATURLISTE REFERENCES

[1] Aljoscha Burchardt, Markus Egg, Kathrin Eichler, Brigitte Krenn, Jörn Kreutel, Annette Leßmöllmann, Georg Rehm, Manfred Stede, Hans Uszkoreit, and Martin Volk. *Die Deutsche Sprache im Digitalen Zeitalter – The German Language in the Digital Age*. META-NET White Paper Series. Georg Rehm and Hans Uszkoreit (Series Editors). Springer, 2012.

[2] Kultur- og kyrkjedepartementet (Ministry of Culture). Mål og meining. Ein heilskapleg norsk språkpolitikk (Objectives and meaning. A comprehensive Norwegian language policy), 2008. http://www.regjeringen.no/nb/dep/kud/dok/regpubl/stmeld/2007-2008/stmeld-nr-35-2007-2008-.html?id=519923.

[3] Kultur- og kyrkjedepartementet (Ministry of Culture). Stortingsmelding nr. 48. Kulturpolitikk fram mot 2014 (Government White Paper No. 48. Cultural policy towards 2014), 2002–2003.

[4] Norsk Språkråd. Consolidating and increasing the availability of Norwegian human language technology resources, 2002. http://www.sprakradet.no/upload/12378/Språkbank%20engelsk.pdf.

[5] Aljoscha Burchardt, Georg Rehm, and Felix Sasaki. The Future European Multilingual Information Society. Vision Paper for a Strategic Research Agenda, 2011. http://www.meta-net.eu/vision/reports/meta-net-vision-paper.pdf.

[6] European Commission, Directorate-General Information Society and Media. User language preferences online, 2011. http://ec.europa.eu/public_opinion/flash/fl_313_en.pdf.

[7] European Commission. Multilingualism: an asset for Europe and a shared commitment, 2008. http://ec.europa.eu/languages/pdf/comm2008_en.pdf.

[8] Directorate-General of the UNESCO. Intersectoral Mid-term Strategy on Languages and Multilingualism, 2007. http://unesdoc.unesco.org/images/0015/001503/150335e.pdf.

[9] European Commission, Directorate-General for Translation. Size of the language industry in the EU, 2009. http://ec.europa.eu/dgs/translation/publications/studies.

[10] Sonja Erlenkamp. Et tospråklig liv med norsk tegnspråk (A bilingual life with Norwegian sign language). *Språknytt*, 4, 2007. http://www.sprakrad.no/nb-NO/Toppmeny/Publikasjoner/Spraaknytt/Arkivet/Spraknytt-2007/Spraknytt-42007/Et-tospraklig-liv-med-norsk-tegnsprak/.

[11] Gisle Andersen. A corpus-based study of the adaptation of English import words in Norwegian. In Gisle Andersen, editor, *Exploring newspaper language*, pages 155–192. John Benjamins, 2012.

[12] Norsk Språkråd. Norsk i hundre! Norsk som nasjonalspråk i globaliseringens tidsalder. Et forslag til strategi (Norwegian as a national language in the age of globalization. Strategy proposal), 2005. http://www.sprakrad.no/upload/9832/norsk_i_hundre.pdf.

[13] Kjersti Drøsdal Vikøren. Standard Norge gjør norsk terminologi tilgjengelig (Standards Norway makes Norwegian terminology available). *Språknytt*, (3):21–23, 2010. http://www.sprakrad.no/upload/spraknytt/Spraaknytt_3_2010.pdf.

[14] OECD. PISA 2009 results: What students know and can do — Student performance in reading, mathematics and science, 2010. http://dx.doi.org/10.1787/9789264091450-en.

[15] Egil Gabrielsen, Jan Haslund, and Bengt Oscar Lagerstrøm. *Lese- og mestringskompetanse i den norske voksenbefolkningen: Resultater fra "Adult literacy and life skills" (ALL) (Reading and coping skills in the Norwegian adult population: Results from "Adult literacy and life skills" (ALL)).* Nasjonalt senter for leseopplæring og leseforskning, Universitetet i Stavanger, Stavanger, 2005.

[16] Språkrådet. Språkstatus 2010. Kunnskap frå elleve språkpolitiske område (The status of the Norwegian language 2010. Information from eleven language policy domains), February 2010. http://www.sprakradet.no/Politikk-Fakta/Spraakpolitikk/Sprakstatus/.

[17] Egil Gabrielsen and Bengt Oscar Lagerstrøm. Med annen bakgrunn: Lese- og regneferdigheter blant voksne innvandrere (With another background: Reading and computing skills among adult immigrants), 2007. http://lesesenteret.uis.no/getfile.php/Lesesenteret/pdf-filer/Monografi_Med_annen_bakgrunn.pdf.

[18] Vera Schwach. Norsk vitenskap — på språklig bortebane? Et pilotprosjekt om språkbruk blant fagsamfunnet av forskere i Norge (Norwegian science — linguistically away from home? A pilot project on the use of language among researchers in Norway), 2004. http://www.nifu.no/Norway/Publications/2004/skriftserie9-2004.pdf.

[19] Glenn Ole Hellekjær. Språkmakt og avmakt: Bruk av og behov for fremmedspråk i statsforvaltningen (Language power or powerlessness: The use of and need for foreign languages in Norwegian government), 2010. http://brage.bibsys.no/hiof/handle/URN:NBN:no-bibsys_brage_16306.

[20] Daniel Jurafsky and James H. Martin. *Speech and Language Processing*. Prentice Hall, 2 edition, 2009.

[21] Christopher D. Manning and Hinrich Schütze. *Foundations of Statistical Natural Language Processing*. MIT Press, 1999.

[22] Ronald Cole, Joseph Mariani, Hans Uszkoreit, Giovanni Battista Varile, Annie Zaenen, and Antonio Zampolli, editors. *Survey of the State of the Art in Human Language Technology*. Studies in Natural Language Processing. Cambridge University Press, 1998.

[23] Jerrold H. Zar. Candidate for a Pullet Surprise. *Journal of Irreproducible Results*, page 13, 1994.

[24] Spiegel Online. Google zieht weiter davon (Google is still leaving everybody behind). *Spiegel Online*, 2009. http://www.spiegel.de/netzwelt/web/0,1518,619398,00.html.

[25] Juan Carlos Perez. Google Rolls out Semantic Search Capabilities. *PC World*, 2009. http://www.pcworld.com/businesscenter/article/161869/google_rolls_out_semantic_search_capabilities.html.

[26] Philipp Koehn, Alexandra Birch, and Ralf Steinberger. 462 Machine Translation Systems for Europe. In *Proceedings of MT Summit XII*, 2009.

[27] Kishore Papineni, Salim Roukos, Todd Ward, and Wei-Jing Zhu. BLEU: A Method for Automatic Evaluation of Machine Translation. In *Proceedings of the 40th Annual Meeting of the ACL*, 2002. http://dx.doi.org/10.3115/1073083.1073135.

[28] Gianni Lazzari. Human Language Technologies for Europe, 2006. http://tcstar.org//pubblicazioni/D17_HLT_ENG.pdf.

[29] Georg Rehm and Hans Uszkoreit. Multilingual Europe: A challenge for language tech. *MultiLingual*, 22(3):51–52, April/May 2011.

MEDLEMMER I META-NET
META-NET MEMBERS

Belgia	Belgium	Computational Linguistics and Psycholinguistics Research Centre, University of Antwerp: Walter Daelemans
		Centre for Processing Speech and Images, University of Leuven: Dirk van Compernolle
Bulgaria	Bulgaria	Institute for Bulgarian Language, Bulgarian Academy of Sciences: Svetla Koeva
Danmark	Denmark	Centre for Language Technology, University of Copenhagen: Bolette Sandford Pedersen, Bente Maegaard
Estland	Estonia	Institute of Computer Science, University of Tartu: Tiit Roosmaa, Kadri Vider
Finland	Finland	Computational Cognitive Systems Research Group, Aalto University: Timo Honkela
		Department of Modern Languages, University of Helsinki: Kimmo Koskenniemi, Krister Lindén
Frankrike	France	Centre National de la Recherche Scientifique, Laboratoire d'Informatique pour la Mécanique et les Sciences de l'Ingénieur and Institute for Multilingual and Multimedia Information: Joseph Mariani
		Evaluations and Language Resources Distribution Agency: Khalid Choukri
Hellas	Greece	R.C. "Athena", Institute for Language and Speech Processing: Stelios Piperidis
Irland	Ireland	School of Computing, Dublin City University: Josef van Genabith
Island	Iceland	School of Humanities, University of Iceland: Eiríkur Rögnvaldsson
Italia	Italy	Consiglio Nazionale delle Ricerche, Istituto di Linguistica Computazionale "Antonio Zampolli": Nicoletta Calzolari
		Human Language Technology Research Unit, Fondazione Bruno Kessler: Bernardo Magnini
Kroatia	Croatia	Institute of Linguistics, Faculty of Humanities and Social Science, University of Zagreb: Marko Tadić
Kypros	Cyprus	Language Centre, School of Humanities: Jack Burston
Latvia	Latvia	Tilde: Andrejs Vasiļjevs
		Institute of Mathematics and Computer Science, University of Latvia: Inguna Skadiņa
Litauen	Lithuania	Institute of the Lithuanian Language: Jolanta Zabarskaitė
Luxemburg	Luxembourg	Arax Ltd.: Vartkes Goetcherian

Malta	Malta	Department Intelligent Computer Systems, University of Malta: Mike Rosner
Nederland	Netherlands	Utrecht Institute of Linguistics, Utrecht University: Jan Odijk
		Computational Linguistics, University of Groningen: Gertjan van Noord
Norge	Norway	Department of Linguistic, Literary and Aesthetic Studies, University of Bergen: Koenraad De Smedt
		Department of Informatics, Language Technology Group, University of Oslo: Stephan Oepen
Polen	Poland	Institute of Computer Science, Polish Academy of Sciences: Adam Przepiórkowski, Maciej Ogrodniczuk
		University of Łódź: Barbara Lewandowska-Tomaszczyk, Piotr Pęzik
		Department of Computer Linguistics and Artificial Intelligence, Adam Mickiewicz University: Zygmunt Vetulani
Portugal	Portugal	University of Lisbon: António Branco, Amália Mendes
		Spoken Language Systems Laboratory, Institute for Systems Engineering and Computers: Isabel Trancoso
Romania	Romania	Research Institute for Artificial Intelligence, Romanian Academy of Sciences: Dan Tufiş
		Faculty of Computer Science, University Alexandru Ioan Cuza of Iaşi: Dan Cristea
Serbia	Serbia	University of Belgrade, Faculty of Mathematics: Duško Vitas, Cvetana Krstev, Ivan Obradović
		Pupin Institute: Sanja Vranes
Slovakia	Slovakia	Ľudovít Štúr Institute of Linguistics, Slovak Academy of Sciences: Radovan Garabík
Slovenia	Slovenia	Jožef Stefan Institute: Marko Grobelnik
Spania	Spain	Barcelona Media: Toni Badia, Maite Melero
		Institut Universitari de Lingüística Aplicada, Universitat Pompeu Fabra: Núria Bel
		Aholab Signal Processing Laboratory, University of the Basque Country: Inma Hernaez Rioja
		Centre for Language and Speech Technologies and Applications, Universitat Politècnica de Catalunya: Asunción Moreno
		Department of Signal Processing and Communications, University of Vigo: Carmen García Mateo
Storbritannia	UK	School of Computer Science, University of Manchester: Sophia Ananiadou
		Institute for Language, Cognition and Computation, Centre for Speech Technology Research, University of Edinburgh: Steve Renals
		Research Institute of Informatics and Language Processing, University of Wolverhampton: Ruslan Mitkov

Sveits	Switzerland	Idiap Research Institute: Hervé Bourlard
Sverige	Sweden	Department of Swedish, University of Gothenburg: Lars Borin
Tsjekkia	Czech Republic	Institute of Formal and Applied Linguistics, Charles University in Prague: Jan Hajič
Tyskland	Germany	Language Technology Lab, DFKI: Hans Uszkoreit, Georg Rehm
		Human Language Technology and Pattern Recognition, RWTH Aachen University: Hermann Ney
		Department of Computational Linguistics, Saarland University: Manfred Pinkal
Ungarn	Hungary	Research Institute for Linguistics, Hungarian Academy of Sciences: Tamás Váradi
		Department of Telecommunications and Media Informatics, Budapest University of Technology and Economics: Géza Németh, Gábor Olaszy
Østerrike	Austria	Zentrum für Translationswissenschaft, Universität Wien: Gerhard Budin

Omtrent 100 eksperter innen språkteknologi – representanter for landene og språkene i META-NET – sluttførte diskusjonen om nøkkelresultatene og -konklusjonene i hvitbokserien på et META-NET-møte i Berlin, Tyskland, 21–22 oktober 2011. – About 100 language technology experts – representatives of the countries and languages represented in META-NET – discussed and finalised the key results and messages of the White Paper Series at a META-NET meeting in Berlin, Germany, on October 21–22, 2011.

C

META-NET HVITBOKSERIEN / THE META-NET WHITE PAPER SERIES

baskisk	Basque	euskara
bokmål	Norwegian Bokmål	bokmål
bulgarsk	Bulgarian	български
dansk	Danish	dansk
engelsk	English	English
estisk	Estonian	eesti
finsk	Finnish	suomi
fransk	French	français
galisisk	Galician	galego
gresk	Greek	ελληνικά
irsk	Irish	Gaeilge
islandsk	Icelandic	íslenska
italiensk	Italian	italiano
katalansk	Catalan	català
kroatisk	Croatian	hrvatski
latvisk	Latvian	latviešu valoda
litausk	Lithuanian	lietuvių kalba
maltesisk	Maltese	Malti
nederlandsk	Dutch	Nederlands
nynorsk	Norwegian Nynorsk	nynorsk
polsk	Polish	polski
portugisisk	Portuguese	português
rumensk	Romanian	română
serbisk	Serbian	српски
slovakisk	Slovak	slovenčina
slovensk	Slovene	slovenščina
spansk	Spanish	español
svensk	Swedish	svenska
tsjekkisk	Czech	čeština
tysk	German	Deutsch
ungarsk	Hungarian	magyar

MIX
Papier aus verantwortungsvollen Quellen
Paper from responsible sources
FSC® C105338

If you have any concerns about our products,
you can contact us on
ProductSafety@springernature.com

In case Publisher is established outside the EU,
the EU authorized representative is:
Springer Nature Customer Service Center GmbH
Europaplatz 3, 69115 Heidelberg, Germany

Printed by Libri Plureos GmbH
in Hamburg, Germany